LIDERA CO...

En *Lidera con tu intuición*, John Townsend basa el liderazgo vital en ingredientes de inteligencia y visión, así como también en la capacidad de motivar a otros con la calidad intangible de la «intuición», la cual es esencial para lograr un cambio que perdure. Este es, indiscutiblemente, mi nuevo libro de liderazgo favorito.

Elisa Morgan, máster en Divinidad, oradora; autora de
The Beauty of Broken y *The Prayer Coin*; cofundadora de
Discover the Word, www.discovertheword.org; presidenta
emérita, MOPS International, www.mops.org

Quiero decir, honestamente, que leer lo que el doctor Townsend escribe te da una ventaja totalmente injusta sobre todos los demás. En *Lidera con tu intuición*, el doctor Townsend, una vez más, nos ayuda a optimizar nuestras vidas para el éxito personal y profesional. Lee este libro, ahora y en su totalidad, porque lo necesitas.

Johnnie Moore, fundador de The KAIROS
Company; galardonado con la «Medalla de
Valor», Centro Simon Wiesenthal

John nos lleva a una nueva dimensión del desempeño, demostrando que el liderazgo es más de lo que sugiere el pensamiento tradicional. Sus principios ponen en jaque tu lógica y tu intuición, y eso funciona. Aplícalos y llegarás a ser un líder más capaz y de mayor impacto.

Greg Campbell, exvicepresidente
ejecutivo en Coldwell Banker

Aprender a analizar qué es lo que motiva tus decisiones de liderazgo desde la intuición te ayudará a tomar las correctas y a evitar las malas, algo que es igualmente importante. Este libro despierta la curiosidad y provoca el análisis reflexivo de en qué consiste un liderazgo eficaz.

Gary Daichendt, exvicepresidente ejecutivo
global de Operaciones en Cisco Systems

¿Otro libro más sobre el liderazgo? ¡De ninguna manera! John Townsend nos desafía a buscar más allá de las fuentes habituales para desarrollar nuestra *capacidad de liderazgo*, y al describir las herramientas clave para generar líderes excepcionales, nos presenta de un modo muy atractivo la puerta que nos conduce al «más allá de la razón», donde adquirir los componentes esenciales para ser un buen líder. Su estudio exhaustivo de la importancia de valores, pensamientos, emociones, relaciones y transformaciones resulta productivo y nos invita a pensar. ¿Por qué íbamos a conformarnos solo con una herramienta pudiendo disfrutar de la caja entera?

Bill Yingling, expresidente y CEO de Thrifty Corp.

El nuevo libro del doctor John Townsend, *Lidera con tu intuición*, aparece en el momento más oportuno, en plena vorágine de tiempos turbulentos. Presenta un espléndido desafío tanto para líderes veteranos como para noveles que quieran abordar el liderazgo desde un punto de vista nuevo y redentor, trabajando en esos intangibles sobre los que tanto se ha escrito: valores, pensamientos, emociones y relaciones.

Allan O. Hunter Jr., cofundador de Rent.com

John nos recuerda que estamos en el ámbito de las *personas*. Son muchos los que, estando en el papel de líderes, tienden a ignorar sus emociones o a dar por sentado que su influencia es negativa y supone una amenaza a su eficacia. John presenta una serie de argumentos convincentes para aprender a reconocer, integrar y hacer uso de nuestras emociones a fin de que mejoren los resultados de nuestro liderazgo.

Fred Gladney, propietario de Trinity Consulting,
y ex director general de Servicios en Compaq

LIDERA
CON TU
INTUICIÓN

Otros títulos del doctor John Townsend en español

Límites

Me lo merezco todo

Quién aprieta tus botones

Cómo manejar personas difíciles

LIDERA
CON TU
INTUICIÓN

CÓMO PUEDES ALCANZAR EL ÉXITO APROVECHANDO EL PODER DE TUS VALORES, SENTIMIENTOS E INSTINTO

DR. JOHN TOWNSEND

La misión de Editorial Vida es ser la compañía líder en satisfacer las necesidades de las personas con recursos cuyo contenido glorifique al Señor Jesucristo y promueva principios bíblicos.

LIDERA CON TU INTUICIÓN
Edición en español publicada por
Editorial Vida – 2018
Nashville, Tennessee

Publicado en colaboración con *Yates & Yates, LLP, www.yates2.com.*

Editora en Jefe: *Graciela Lelli*
Traducción: *Ana Robleda*
Adaptación del diseño al español: *Grupo Nivel Uno, Inc.*

ISBN: 978-0-82976-778-0

CATEGORÍA: Negocios / Economía / Liderazgo

IMPRESO EN ESTADOS UNIDOS DE AMÉRICA
PRINTED IN THE UNITED STATES OF AMERICA

18 19 20 21 22 LSC 9 8 7 6 5 4 3 2 1

A mis padres, John y Rebecca Townsend.
Ambos fallecieron mientras se escribía este libro.
No hay maneras de agradecerles lo suficiente por los
muchos años de amor, cuidado y desarrollo
que invirtieron en mi vida.

Y

A todo aquel que aspire a ser el mejor líder posible.

AGRADECIMIENTOS

Quiero dar las gracias a las personas que cito a continuación y que me han ayudado, de muchas maneras distintas, a crear este libro:

Sealy Yates y Mike Salisbury, mis agentes literarios: me han ayudado a crear el marco de un libro sobre el liderazgo que se ocupa del mundo interior, y han sido mis socios en su creación. Gracias a los dos por ayudarme a llegar al límite.

David Morris, vicepresidente y editor de Zondervan: agradezco enormemente tu espíritu «siempre constructivo» y los esfuerzos que has realizado en las negociaciones necesarias para que este libro pudiera llegar a ser un producto Zondervan.

Sandy Vander Zicht y Christine Anderson, editoras de Zondervan: gracias por su participación en el proceso de moldear y pulir este libro para que pudiera resultar útil y atractivo.

El equipo que dirige el Townsend Leadership Group: Karen Bergstrom, Dennis Del Valle, Pamela Flores, Christine Ledet, Elaine Morris, Leah Nelson y Patrick Sells. Vaya mi agradecimiento a todos los directores, consultores y tutores, así como a los alumnos actuales y exalumnos de TLP. Gracias por su carácter y por las competencias en lo que hacen como líderes mundiales.

Scott Makin, Doug Grove, profesores, compañeros, equipo y todos los alumnos y estudiantes en el Townsend Institute for Leadership and Counseling: son fuente de inspiración en su incansable busca de una excelencia holística.

Maureen Price, directora ejecutiva de Growth Skills Foundation, y su equipo: Jodi Coker, Lisa Leets y los coordinadores del taller, quienes en todo momento dirigieron y mejoraron los trabajos a fin de propiciar crecimiento y cambio para un gran número de líderes.

Al doctor Henry Cloud: ha sido una magnífica experiencia conceptualizar y trabajar en las dificultades del liderazgo y del entorno psicológico. Gracias por ser quien eres como persona y como amigo.

A Christine Ames y Vanessa Sedano, mis asistentes. Gracias por mantenerme tan organizado como yo les he permitido (carita sonriente).

Al grupo de hombres de los martes: por estar ahí para mí y conmigo todos estos años.

A mi junta de consejeros: por proporcionar tantas horas de gracia y verdad del más alto nivel para mantenerme centrado y concentrado en los objetivos.

A mis clientes y amigos en el liderazgo, que me han proporcionado tantos casos de estudio sobre cómo liderar con tu intuición: ¡qué ejemplos tan magníficos son de cómo hacerlo bien!

A Barbi, mi esposa: por tu amor y tu apoyo sin fisuras, y por ser siempre mi primera editora.

Ricky y Benny Townsend, mis hijos: ha sido impresionante ver cómo han llegado a ocupar su propio lugar como expertos y líderes, cada uno en su profesión.

CONTENIDO

Capítulo 1

CANALIZA TU INTUICIÓN

El consejo de una gran empresa de manufacturas me pidió que trabajase con su equipo de líderes para mejorar su desempeño. Cuando me reuní con ellos, fui entrevistándome con todos uno a uno, y para completar la visión les pedí que fueran evaluándose los unos a los otros.

Enseguida averigüé que el CEO, Alex, era quien más preocupaba tanto al equipo como al consejo. Cuatro años antes, había sido promocionado internamente a su puesto actual, un puesto en el que su desempeño había sido excelente. Era un profesional brillante en analítica compleja y fórmulas financieras. Sin embargo, desde que había tomado en sus manos las riendas de la empresa, Alex había dado algunos traspiés que habían costado muy caros, errores que habían ido más allá de la curva de aprendizaje normal de un nuevo líder.

El error más obvio había acabado comprometiendo una cantidad significativa de recursos en una nueva línea de producto que terminó por no funcionar, lo que dañó el estado financiero de la empresa. Al ser una persona que basa sus decisiones en datos reales y fidedignos, Alex había analizado los parámetros de la línea y había creado proyecciones positivas para que lograse su objetivo. En un ámbito estrictamente numérico, todo debería haber funcionado. Sin embargo, sus clientes principales y su equipo no consideraban que esa línea de producto fuese adecuada para la empresa, ya que les parecía que se apartaba de manera tajante de la base de su negocio. Y, tal y como el mismo Alex acabó diciéndome más tarde, él había tenido esa misma sensación en las tripas, aunque las proyecciones no la respaldasen. Sin embargo, los datos acabaron por imponerse a las sensaciones y apretó el gatillo, conduciendo a la empresa a un problema que tuvo que resolver con gran esfuerzo.

Cuando le pregunté cómo describiría el proceso por el que tomaba las decisiones, me dijo: «Creo que es muy sencillo. Mis decisiones se basan al cien por cien en datos reales y fidedignos. Recuerdo la ansiedad que me producía pensar en que nos estábamos alejando demasiado de nuestro núcleo, pero no confié en ella. Creí que, si lo hacía, debilitaba mi proceso habitual de pensamiento, de modo que no presté la suficiente atención a lo que los demás y yo pensábamos y sentíamos al respecto, y acabó siendo una mala apuesta».

Este fue el punto desde el que comencé a trabajar con Alex y su equipo. Resultaba obvio que no era el énfasis analítico lo que no funcionaba en la empresa. Todo lo contrario. Se encontraba sano y fuerte. Era la parte de la «voz interior» la que necesitaba un estudio. *¿Por qué Alex no había seguido su instinto y las aportaciones de aquellos que le rodeaban?* Si lográbamos llegar al fondo de esa cuestión, confiaba en que consiguiéramos darle la vuelta a la situación, a la empresarial y a la de Alex. De hecho, Alex podía llegar a ser un magnífico líder sénior si aprendía a tener en consideración tanto la información interna como la externa.

Y esa es, con toda sencillez, la premisa de este libro. Los grandes líderes alcanzan el éxito canalizando el poder tanto del mundo exterior como del mundo interior. Y lo más probable es que tú, como líder, estés más entrenado, preparado y experimentado en el mundo exterior que en el interior. Es muy probable que seas capaz de amasar una gran cantidad de valiosa información a partir de informes, investigaciones, periódicos y opiniones de los compañeros. Y necesitas esa información. Es fundamental para que logres alcanzar el éxito como líder. Al mismo tiempo, también necesitas tener acceso a la información que llevas en tu interior, y que es tremendamente valiosa y útil para saber cómo dirigir, cómo relacionarte con los demás y cómo tomar decisiones.

Este libro pretende ayudarte a comprender, y a acceder a, lo que llevas en tu interior: la intuición o, dicho de otro modo, lo que te piden tus tripas, y que puedas emplear esa información interna como ayuda para lograr el éxito.

La razón, en el sentido de uso racional, lógico y objetivo de fuentes de información, es claramente un componente básico necesario para el liderazgo. Ninguna persona influyente puede funcionar a un nivel excepcional sin ella. Sin embargo, hay otros aspectos primordiales en el liderazgo que van más allá del puro razonamiento. Son subjetivos, internos y experimentales. Estos aspectos *intuitivos* del liderazgo no son infalibles, pero sí poseen una gran carga de significado y un valor elevado. Los líderes que quieren seguir creciendo y que desean estar equipados y empoderados para el siguiente nivel, han de saber utilizar todos los recursos y herramientas a su alcance. Esta capacidad es la que separa a los grandes líderes de los buenos líderes.

Qué es intuición, y qué no lo es

Hay varios modos de describir y reconocer la intuición. A veces, nos referimos a ella como un mundo interior y subjetivo. Sin embargo, al final del día es, simplemente, *tu mundo intangible*. En tu interior hay valores, pensamientos, emociones y pasiones, que no se pueden ver o tocar porque no son físicos. Pero son reales, existen, son una parte esencial de tu ser... y te servirán bien si los honras y desarrollas.

Algunos teóricos definen la intuición como la facultad de comprender algo sin utilizar la capacidad de raciocinio consciente. Mi definición es algo más amplia. Yo entiendo la intuición como *la capacidad de tomar decisiones basándonos en un objetivo integrado y en una verdad subjetiva*. Es decir, cuando tenemos acceso a información, tanto interna como externa, obtenemos una comprensión mucho más afinada de la realidad, y por lo tanto una mayor capacidad de tomar decisiones correctas. Por eso los líderes intuitivos, aquellos que lideran desde la intuición, prestan atención no solo a los resultados que arrojan los números y la investigación, sino también a su propio corazón, además de ver otras realidades internas de las que hablaremos en este libro.

Creo que Jesús se refería a algo parecido a esto cuando dijo: «Amarás al Señor tu Dios con todo tu *corazón*, y con toda tu *alma*, y con toda tu *mente*» (Mateo 22.37, énfasis añadido). Cuando lo integramos todo en su búsqueda, nuestra vida mejora. En el mismo sentido, cuando integramos todos los caminos que conducen a la verdad, podemos acceder a nuestro liderazgo y podemos tomar decisiones mucho mejores.

Hay unos cuantos términos más que pueden resultar confusos cuando hablamos de intuición, y quiero aclararlos:

- *Instinto*: el instinto es un comportamiento innato, un patrón con el que nacemos y que no se basa en el aprendizaje. Por ejemplo, los pájaros construyen nidos sin habérselo visto hacer a sus padres. Y yo he visto a líderes protegiendo a su grupo sin pararse a pensar en sí mismos, igual que, de modo instintivo, lo hacen los padres para salvar a su hijo. Un ejemplo que ilustra a la perfección esta definición es el caso de un amigo dueño de un negocio que, al saber que el hijo de uno de sus empleados había caído gravemente enfermo, abandonó el consejo de administración para irse directo al hospital y ofrecer su ayuda.

- *Impulso*: un impulso es una emoción abrupta que es lo bastante intensa como para desencadenar un comportamiento sin hacerlo deliberadamente. Por ejemplo, en lugar de tratar de averiguar de dónde proviene una frustración, un líder puede dejarse llevar y reaccionar con ira.

- *Espiritualización*: la espiritualización es la tendencia a utilizar la fe personal para evitar tomar decisiones difíciles. Puede desencadenarse por el miedo a cometer un error, el miedo al conflicto, o incluso por pereza. Por ejemplo, un CEO puede decir «estoy esperando que el Señor me guíe sobre si debo o no adquirir esa empresa», cuando la verdad es que está evitando dedicar el tiempo necesario para trabajar esa toma de decisión, o el conflicto potencial con otros líderes.

La intuición, tal y como yo la uso con mis clientes, difiere del instinto, del impulso y de la espiritualización. Es un trabajo elaborado que requiere pensar mucho, sentir mucho y hablar detenidamente las cosas, y por último permitir que todos esos aspectos de la toma de decisiones se den la mano. Y una y otra vez he visto que los mejores líderes toman las mejores decisiones utilizando este enfoque.

En este libro, exploraremos cinco aspectos clave que modelan tu mundo intuitivo: valores, pensamientos, emociones, relaciones y transformación, y cómo puedes utilizarlos no solo para tomar mejores decisiones, sino para mejorar significativamente tu capacidad de liderazgo a largo plazo. Cuando se emplea del modo correcto, la intuición visceral —todos los aspectos internos que te hacen ser quien eres— pasará a ser una parte vital y esencial de tu repertorio como líder.

¿Qué nivel de intuición empleas en tu liderazgo?

Si te pidiera que valorases el nivel de intuición que caracteriza a tu liderazgo en una escala del uno al diez (siendo 1 bajo y 10 alto), ¿qué número escogerías? Adelante, escríbelo. A continuación, utiliza la evaluación que aparece más abajo para ayudarte a disponer de una imagen adicional sobre dónde te hayas en esta dimensión de tu liderazgo.

Escribe al lado izquierdo de cada una de las frases el número 1 si tu respuesta es sí, y el 0 si tu respuesta es no.

_____ En rasgos generales, el entrenamiento en materia de liderazgo que he recibido ponía tanto énfasis en el valor de mi mundo interior y de mi experiencia personal como en mis competencias y habilidades externas.

_____ He tomado decisiones «viscerales» en materia de liderazgo que no parecieron lógicas en su momento, pero que al final han demostrado ser las mejores de las decisiones.

_____ He ignorado lo que me dictaban las tripas a la hora de tomar decisiones y más tarde me he dado cuenta de que había sido un error.

_____ Basándome en mi experiencia y emociones en materia de liderazgo, diría que la rutina de prestar atención a mis sentimientos me ayuda a alcanzar mis objetivos.

_____ Valoro la intuición (información interna) tanto como la información objetiva a la hora de considerar mis decisiones.

_____ Si me preguntasen, describiría la intencionalidad con la que hago uso de mi intuición (mi mundo interior) en materia de liderazgo, y daría varios ejemplos recientes.

_____ Aun encontrándome bajo presión para obtener resultados, confío tanto en lo externo como en lo interior –datos probados e intuición– para implementar estrategias y navegar por las relaciones profesionales.

_____ Confío en la fuerza de mis emociones tanto como confío en el poder de mi intelecto para ayudarme a tomar buenas decisiones en materia de liderazgo.

_____ Tengo por costumbre reflexionar sobre mis valores principales, lo que significa que rara vez tomo decisiones sobre la marcha que entren en conflicto con mis valores.

_____ Gasto una parte tan significativa de mi tiempo y energía en crecimiento personal y transformación como en desarrollar otros aspectos de mi vida que me son importantes y que causan un impacto positivo en la eficacia de mi liderazgo (por ejemplo, estudios/prácticas profesionales, salud física y ejercicio, etc.).

_____ Total

Revisa brevemente tus respuestas y suma el total de puntos. ¿Se parece al número que escribiste antes del cuestionario? ¿Es superior, inferior, más o menos el mismo?

Si tus respuestas a estas preguntas dejaron el total en una cifra baja, no te desanimes. En realidad, suele ser la puntuación más habitual para la mayoría de los líderes. Y hay buenas razones para que sea así. Tienes la responsabilidad de generar buenos resultados y de ayudar a los demás a lograrlos. Esos resultados suelen ser cuantificables, tal y como lo son los beneficios, las valoraciones de atención al cliente, las cifras de asistencia u otras cifras de crecimiento cuantificable. Dado que los líderes son evaluados siguiendo un método objetivo y cuantificable, es posible que tiendas a considerar solo los hechos para que te ayuden a alcanzar tus metas.

El proceso es similar al resultado en ese sentido. Confías en lo que ves y en lo que lees, en las cosas que pueden ser demostradas y medidas. Por ejemplo: un balance de pérdidas y ganancias es de fiar. Contiene hechos. La información está ahí, en negro y blanco, y no va a cambiar. Son datos contrastados.

Sin embargo, en contadas ocasiones los datos probados son capaces de transmitir la historia completa, y si decides ignorar los datos no contrastados —tu intuición— *lo haces por tu cuenta y riesgo*. Como iremos viendo, aquellos líderes que no prestan atención a su mundo interior se pierden un montón de datos adicionales que pueden ir desde la intuición que Alex ignoró a la hora de poner en marcha la nueva línea de producto, hasta la capacidad para relacionarse y comprender a aquellos con los que trabajas y a los que diriges. Ignorar esta información esencial no solo puede afectar de manera negativa la calidad de tus juicios y decisiones, sino también minar a largo plazo el impacto de tu liderazgo.

Hay otra razón por la que las respuestas de los líderes al cuestionario tienden a ser más ceros que unos. Es la creencia de que el mundo subjetivo nos ralentiza, nos vuelve menos competitivos, nos distrae o nos hace demasiado sensibles y perdemos el respeto de los demás. Nos preocupa que *lo interior* nos distraiga impidiéndonos alcanzar nuestras metas y nuestra misión, o que nos haga parecer débiles. Empiezas a temer que prestar atención a tus datos no contrastados nuble tu juicio en lugar de despejarlo y acabe volviéndote menos resolutivo. Y en realidad esta forma de pensar tiene cierta lógica. Si se espera de ti, el líder, que vayas por delante de la competencia o que sepas resolver el siguiente desafío, ¿no ocurrirá que detenerte a considerar lo que tienes, lo que percibes, lo que crees o piensas, ralentizará todo el proceso? Desde luego, a corto plazo, así será. Prestar atención a tu mundo interior lleva cierto tiempo. Pero, a largo plazo, puedo prometerte que aprender a controlar tus datos no contrastados no solo te aportará enormes beneficios teniendo en cuenta la inversión, sino que ayudará a su vez a otros a confiar en ti como persona, tu índice de éxito en las decisiones importantes subirá y tu organización tomará la dirección adecuada. De ahí la gran popularidad que han adquirido los libros sobre liderazgo y valores, inteligencia emocional[1] y crecimiento personal. Lo interno soporta lo externo... y da resultados.

Analiza tu mundo interior

El modo más sencillo de comprender cómo poner a trabajar la información de tu mundo interior para mejorar tu liderazgo es analizando cómo haces eso mismo con la información que proviene de fuentes externas. La mayoría de los líderes leen regularmente el periódico, o escuchan las noticias online o en la televisión. Se suscriben a revistas e informativos de su especialidad profesional. Reciben informes y correos sobre su organización. Los líderes son adictos a la información, y necesitan serlo. Escrutan de modo constante el horizonte buscando tendencias, el futuro, oportunidades, amenazas y gente. Pues de modo parecido necesitas ser capaz de *escrutar tu interior*, es decir, necesitas la habilidad de acceder a lo que está pasando en tu interior, con regularidad y a demanda, para que puedas beber también de esa fuente. Uno de los principales objetivos de este libro es ayudarte a afinar la capacidad de examinar los diferentes aspectos de tu mundo interior. Cuanta más información tengas sobre ese mundo, mejor podrás decidir y guiar.

No solo eso: aquellos a los que tú diriges tienen también un mundo interior, una experiencia subjetiva. Sentimientos, creatividad y sus propios pensamientos. Sus vidas tienen también áreas intuitivas e inexplicables mediante la razón. Como líder, debes conectar con su mundo interior para desarrollarlos como personas y colaboradores, y no podrás hacerlo si tú mismo no estás involucrado en ese proceso. Todos hemos tenido la experiencia de ser dirigidos por una persona competente y con principios, pero que simplemente no tenía ni idea de asuntos subjetivos. Puede que respetaras a esa persona y que te gustara, pero seguramente sentiste que él o ella no era capaz de comprender los matices de lo que estabas intentando decir, o las diferencias que tuvieran, o tus experiencias emocionales. Y esta falta de comprensión resultó seguramente algo más que frustrante, ya que no logró hacer avanzar a la organización en la consecución de sus objetivos. Los líderes que pueden aprender a comprender lo que su intuición les apunta, como hizo Alex en su momento, son capaces de comprender mejor los temores de aquellos a los que diriges. Si examinas tu mundo interior, estarás ayudando a los demás a hacer lo mismo con el suyo.

No un giro de ciento ochenta grados, sino un complemento

Si tienes por costumbre leer libros sobre liderazgo y empresa, seguramente habrás reparado en que los autores tienden a presentar su enfoque como un nuevo paradigma que revoluciona todo lo que había hasta el momento, de modo que su libro supone un giro de ciento ochenta grados para el líder y la organización. No es el caso de este libro.

Aunque hay clásicos en la literatura sobre el liderazgo, libros que todo líder debería leer, yo huyo de las proclamas que hablan de ese giro de ciento ochenta grados. El liderazgo ha sido estudiado e investigado por muchas personas muy competentes a lo largo de muchos años, y creo que la mayoría de los libros sobre el tema que han hecho una contribución sustancial se han apoyado en lo que ya se había hecho bien, añadiendo al repertorio de capacidades y habilidades del líder, y eliminando algunos modos de pensar, de conceptualizar, de relacionar y de comportarse que resultaban inútiles. Pero no han eliminado lo bueno.

Deseo que continúes con tu formación en liderazgo centrándote en el aspecto tan significativo que aporta el mundo interior y sus contenidos. Los principios descritos aquí son compatibles con las teorías del liderazgo más afianzadas y con las prácticas que ya pueden estarte funcionando, de modo que debes considerar este libro como una ayuda para lograr un magnífico resultado ahondando en lo que ya tienes en tu interior.

Teniendo en cuenta la importancia de la lógica en un liderazgo de éxito, la segunda parte explicará cómo los líderes pueden perfeccionar y utilizar mejor sus ideas y el proceso de pensamiento.

Por qué has llegado a ser un líder

Vamos a aclarar a quién está dirigido este libro, ya que el término *líder* es muy amplio. Básicamente, este material está diseñado para ti si te has comprometido a *influir en los demás para lograr resultados y objetivos*. Influir sobre alguien es tener un efecto sobre esa persona. Marcar una diferencia.

Se ha escrito mucho sobre el poder de la influencia, y es por ello por lo que toda clase de personas pueden llegar a ser consideradas líderes. Mira estos ejemplos:

- Ejecutivos y directores corporativos
- Propietarios de pequeños negocios
- Médicos y todo aquel que trabaja en el campo de la salud
- Psicólogos y todos aquellos que trabajan en profesiones que brindan ayuda
- Pastores y ministros religiosos
- Líderes de grupos pequeños y coordinadores
- Profesores

Es una red muy amplia. Un liderazgo eficaz crea un entorno en el que la gente vive mejor y es más productiva, eficaz, tiene más recursos y un mejor funcionamiento. Más aún, estos líderes logran que su organización obtenga mejores resultados.

Seguramente llegaste a ser líder por una razón que escapaba a tu comprensión. La mayoría de nosotros no empezamos en la vida pensando: *no sé en qué quiero ser bueno, pero quiero ser un líder*. En realidad, eso podría ser síntoma de un problema psicológico. Es más probable que algo fuese cobrando vida dentro de ti poco a poco, a medida que ibas creciendo, aprendiendo e interactuando con los demás. En otras palabras: tu mundo interior te condujo al liderazgo. Por ejemplo:

- Te gustaba trabajar en equipo y los demás te decían: «Se te da bien motivar a la gente».
- Tenías la visión de construir una organización y comprendiste que necesitarías reclutar, entrenar y retener gente válida en tu entorno.
- Eras experto en algún campo y sentiste que no bastaba con esa competencia, que necesitabas salir y conectar con otros para ampliar tu experiencia.
- Querías marcar la diferencia en un área específica de la vida o del trabajo, y te encantaba ver crecer y cambiar a la gente en esa diferencia.

Seguramente no te paraste a pensar en el duro trabajo, en la presión y en las exigencias del liderazgo, ya que era tu mundo ajeno a la lógica el que te movía y te empujaba. Ese mundo nos aporta información, nos empuja, nos hace seguir avanzando en los momentos difíciles, nos da sabiduría y discernimiento, y nos conecta con los demás. Suele ser la parte de nosotros mismos que primero se puso en sintonía con la posibilidad de que pudiéramos llegar a ser buenos líderes llevando a cabo una tarea que valiera la pena.

No pierdas de vista la bola

He consultado con muchos amigos en el mundo empresarial y en el ámbito del liderazgo mientras escribía este libro y todos me han dicho algo parecido a esto: «Muéstrale al lector cómo tomar las riendas de la fuerza del mundo interior genera resultados». Los líderes se ven sometidos a una tremenda presión por los resultados que se espera de ellos. La palabra final la tiene siempre el líder, tanto si se trata de beneficios, impuestos, producción, vidas alteradas o número de reuniones. Lo mires como lo mires, el líder no puede perder de vista la pelota en ningún momento.

Enfrentarse al mundo subjetivo está relacionado con producir buenos resultados. Es un aspecto esencial de tu éxito y de tu capacidad para ayudar a los demás a alcanzarlo. Este libro no es una clase de ejercicio de actualización personal que espero que un día, en un futuro lejano, aporte algún beneficio. Cuando termines de leer, mi objetivo es que digas: «No solo me entiendo mejor a mí mismo, sino que gracias a lo que he aprendido puedo obtener resultados en materia de liderazgo».

Sea cual sea el nicho que ocupes en el liderazgo, tanto si estás en el mundo corporativo como si diriges un grupo reducido, descubrirás aspectos de tu mundo interior que acudirán en tu ayuda. Has sido diseñado con un mundo interior y otro exterior, y ambos trabajan bien juntos. Acceder a ambos requerirá ciertos conocimientos y algo de trabajo, pero te ayudará a ser el líder que quieres ser, así que comencemos con el primer y más básico aspecto del mundo interior del líder: tus valores.

PARTE I

VALORES

LOS FUNDAMENTOS DEL LIDERAZGO

Un cliente y amigo mío, Dave Lindsey, fundó y dirigió una empresa de seguridad en el hogar durante muchos años, la cual ha experimentado un crecimiento enorme a lo largo del tiempo. Uno de sus principios básicos sobre el que suele hablar en los grupos de liderazgo es el siguiente: «Los negocios no crecen. Son las personas las que crecen». Es decir, que cuando inviertes en el crecimiento de tu gente, estás invirtiendo en el crecimiento de tu negocio. Dave acompaña esa declaración con esta otra: «Trabaja en ti mismo más que en tu negocio». En otras palabras: prioriza el crecimiento y la superación personal.

Piensa en esto por un minuto. Las afirmaciones de Dave pueden parecerte un poco locas si las ves desde un punto de vista estrictamente lógico y analítico. ¿Este tipo de enfoque no llevaría a las personas a perder su alineación con la visión de la organización, sin mencionar su enfoque en el desempeño laboral? Sin embargo, año tras año, los empleados de Dave han llevado a la organización a un mayor crecimiento y éxito.

Dave ha experimentado de manera consistente estos valores dirigiendo su negocio, y su estrategia ha funcionado. Es un poderoso ejemplo de lo importante que es analizar tus valores para poder utilizarlos y ser el líder eficaz e intuitivo que quieres ser.

Hay dos conclusiones que yo extraigo de la historia de Dave, y de la de otros líderes con los que he trabajado:

1. *Es importante tener valores.*
2. *Es importante que nuestros valores sean correctos.*

Añadiré una conclusión más que analizaremos en el próximo capítulo:

3. *Es importante que tus valores vengan de dentro.*

Tus valores forman parte de un ADN interno. Es decir, que son verdaderos y absolutos para ti, tanto si piensas en ellos como si no. Tus valores son simplemente aspectos de la realidad que te sirven de guía. De eso se trata descubrir tus propios valores: de analizar el proceso mediante el que determinas qué líneas maestras y principios van a ordenar tus pasos. Los valores tratan sobre lo que está bien y lo que nos importa.

Tu vida interior es la depositaria de tus valores, de modo que empezamos con ellos porque la mayoría de tu vida brota de esos valores. Constituyen el fundamento de tu identidad, y tu liderazgo, al igual que tu vida, los reflejará para bien o para mal. Algunas personas están en la cárcel porque sus valores las condujeron a ese fin. Y otras han logrado alcanzar un éxito que excede lo que soñaron por esa misma razón.

Capítulo 2

¿QUÉ SON LOS VALORES?

Cuando estoy entrenando a un grupo de líderes, empiezo con frecuencia planteándoles esta pregunta:

—A ver, ¿cuántos de ustedes pueden decirme cuáles son los valores fundamentales de su organización? Me refiero a los que aparecen en la página web de su empresa.

La gran mayoría es capaz de recitarlos de memoria. Me dicen cosas como:

- Integridad
- Excelencia
- Gran cultura
- Centrados en el cliente

Entonces digo yo:

—¡Genial! Ahora, ¿cuántos de ustedes pueden decirme sus valores personales fundamentales?

En la mayoría de las ocasiones, se hace un silencio tremendo en la sala, e incluso hay quien se rasca la cabeza. A veces un valiente me dice algo así:

—Amo a Dios y a las personas.

La sala se queda en silencio porque tendemos a no pensar en ellos con la suficiente claridad. Sin embargo, en el caso de los líderes hay una cuestión muy importante, y es que *los valores personales del líder deben caer en cascada sobre la organización y no al revés*. Tenemos una cosa llamada vida, y con suerte, la dirigen nuestros valores. Y la organización forma parte de tu vida, no es toda tu vida. Tu vida es el caballo, y el trabajo es la carreta, o al menos así debería ser. De modo que bien vale la pena examinarlos, fijarlos bien en la cabeza y después vivir de acuerdo con lo que nuestros propios valores interiores nos dicten. Y todo ello nos conducirá a ser los líderes intuitivos e integrados que estamos destinados a ser.

No está en mi ánimo avergonzar a nadie haciéndole estas preguntas durante el curso. De hecho, años atrás, yo mismo llegué a este punto por la vía dura. Después de poner en marcha mi segundo negocio, me vi en la necesidad de volver atrás para acometer mi propio trabajo sobre valores. Al final de ese proceso, identifiqué mis siete1 valores fundamentales, de los que hablaré al final de esta parte del libro. El proceso fue todo un desafío, pero mereció la pena, en particular por lo que supuso para ayudarme a llevar una vida congruente, una vida en la que mis valores laborales fueran consistentes con los valores de mi vida.

La palabra *valor* significa, en esencia, «cualidad». Un valor es algo que determinas que tiene grandes cualidades para ti. Jesús dijo: «Porque donde esté vuestro tesoro, allí estará también vuestro corazón» (Mateo 6.21), y estas palabras hablan de los valores. Lo que valoras como si fuera tu tesoro está conectado con lo que llevas en el fondo de tu corazón.

Tus valores son aquellas realidades en las que crees profundamente, hasta el punto de que dictan tus decisiones y tu liderazgo, para lo bueno y para lo que no lo es tanto. Ya sea que se trate de tu empresa o de tu vida, los estudios han demostrado que los valores son fundamentales para que podamos permanecer centrados y comprometidos con lo correcto, utilizándolos como «estrella polar» para tomar las mejores decisiones. Esta sección te ayudará a aclarar lo que crees más importante para ti mismo y para tu organización.

Primero, tus valores personales.
Segundo, los valores de tu organización

¿Por qué pienso que es un error fijar los valores de tu organización sin haber hecho antes el trabajo de determinar tus valores personales? Pues porque los valores interiores acabarán siempre imponiéndose a los de la organización. A ver si reconoces alguno de estos escenarios...

- Matt es socio fundador de una empresa de tecnología que tiene dos años de existencia. Aunque el futuro de la compañía depende de la creatividad y la innovación constante, Matt es un microgestor, o una persona que presta excesiva atención a los detalles menores de un proyecto. Su capacidad para controlarlo todo era necesaria cuando la empresa arrancó, pero ahora se ha vuelto un problema. Aunque la organización dice que valora la capacidad de elección y la libertad que concede a sus empleados, Matt no es capaz de darse cuenta de cómo uno de sus valores, que es la capacidad para controlarlo todo, mina la innovación y la creatividad, valores de su empresa.

- Sandra es propietaria de una pequeña empresa de Tecnología de la Información en cuya página web se dice que uno de sus valores es la «honradez y la veracidad en todos los ámbitos». Sin embargo, es una persona que a toda costa trata de evitar los conflictos y a la que le preocupa herir los sentimientos de los demás, de modo que pospone todas las conversaciones difíciles con los empleados que no ejecutan bien su trabajo o que no se relacionan bien con los demás. Aunque para ella fue difícil admitirlo, su valor personal de «mantener la paz» desbancó uno de los valores de su organización, en detrimento de la empresa. Las personas tienen dificultades para confiar en ella porque no es clara, y del mismo modo les incomodan aquellos que no respetan los valores y las prácticas corporativas porque saben que Sandra no se enfrentará con ellos.

- Robert dirige una empresa que fabrica elementos de precisión en la que hay un margen de error muy estrecho si se quieren obtener productos de alta calidad. El valor corporativo es: «Al final del día, lo que cuenta es cómo hayamos trabajado». Es un buen valor, pero Robert lo sacrifica de un modo, digamos positivo ya que, según yo mismo he presenciado en incontables ocasiones, apoya a un empleado que no trabaja bien, una decisión basada más en su compasión y en su preocupación por las personas que en los valores corporativos o en el resultado final. Cuando le pregunté por qué lo hacía, Robert me dijo: «Creo que debería cambiar la declaración de intenciones de nuestra página web. Es cierto que lo que cuenta es cómo hayamos trabajado, pero hay ocasiones en las que no queda otro remedio más que ayudar a una persona».

Basándonos en estos ejemplos, no es difícil ver cómo los valores personales pueden desbancar a los de la organización, pero ¿y si no eres el líder alfa de la organización? ¿Y si no está a tu alcance cambiar los de la organización y no puedes tampoco revisarlos? Si este es tu caso, aún puedes utilizar tus valores interiores para ayudar a sustentar la organización. Si son valores saludables, siempre trabajarán bien juntos. Del mismo modo, utiliza tus valores personales para determinar si la organización en la que trabajas encaja contigo y viceversa. Por ejemplo, si uno de tus valores interiores tiene que ver con las relaciones, y el factor humano no es demasiado relevante en el ADN de la organización, en primer lugar, ahora eres consciente de ello y puedes considerar si deberías formar parte de esa organización, o al menos buscar cómo lidiar con esa diferencia.

Es decir, el orden es: primero valores personales, y después, valores de la organización. Un líder intuitivo e integrado es consciente en todo momento de esta prioridad.

Cuatro características de los valores personales

En el capítulo tres nos acercaremos más a las fuentes de los valores y a cómo identificarlos, pero por ahora pensemos que has dedicado el tiempo necesario para identificar tus valores personales y los de tu organización. Hay otro aspecto más que tener en cuenta, y es *si tus valores son verdaderos, es decir, si de verdad provienen de ti, si son tus auténticos valores.* Yo los llamo *valores íntimos o personales* para diferenciarlos de la manida expresión *valores fundamentales.* El primero es más personal, y el segundo suele referirse más al concepto.

¿Cómo puedes saber si tus supuestos valores de verdad forman parte de tu persona? He visto a muchos líderes que definieron los valores de su organización mediante una consulta hecha de modo diligente, y cuyo resultado fue un documento, un correo electrónico, un póster o un eslogan que todo el mundo suscribió. Pero al final del día, nadie cambió de verdad su comportamiento para adaptarlo a esos valores declarados y, del mismo modo, nadie pensó en ellos cuando hubo de enfrentarse a una oportunidad o a un problema. Esos valores no formaban parte del tejido con que estaba hecho el corazón de su líder. Eran útiles y potencialmente valiosos, pero no habían sido interiorizados de verdad, y por lo tanto carecían de impacto significativo.

Yo era amigo de un grupo de personas que trabajaban en una corporación dedicada a prestar servicios a los medios de comunicación que padeció las consecuencias de unos valores que resultaron no ser íntimos. Su CEO, Randy, era una persona muy competente, creativa y positiva que provenía de otra empresa del ámbito corporativo y que estaba haciendo un buen trabajo adaptando su experiencia al ámbito de los medios de comunicación. Uno de los puntos fuertes de Randy era que nunca pretendía ser perfecto. Si se equivocaba lo admitía sin tratar de ocultar su fallo, y era generoso cuando otras personas pasaban por esa misma situación. Decía que uno de sus valores principales era el de la autenticidad, y la gente se sentía atraída por su vulnerabilidad. Siempre estaba dispuesto a reírse de sus errores, y la gente de su organización se sentía segura y cómoda con él.

Sin embargo, resultó que la autenticidad de Randy tenía sus límites. Para encarnar ese valor que tanto significaba para él, tenía que asumir la responsabilidad del asunto en el que estuviera siendo auténtico. Por un lado, su disponibilidad para admitir los errores propios era algo bueno, pero la verdadera autenticidad implica hacer lo que sea necesario para atajar y resolver la situación, y ahí fue donde se reveló que ese valor concreto de Randy se quedaba corto.

Resultó que Randy cometió un error de juicio que a su organización le costó un buen montón de dinero. No tuvo en cuenta un movimiento del mercado. Es algo que pasa. Fue un fallo importante, pero no tanto como para que la empresa quisiera prescindir de él. Estaban dispuestos a trabajar con él, hacer las correcciones que fueran necesarias y pasar página. Una lección aprendida. Sin embargo, para lograr su objetivo, la junta directiva utilizó una serie de conversaciones muy francas y muy directas con Randy para que todo el mundo pudiera hacer la cirugía necesaria, de modo que todos estuviesen en la misma página y se pudiera resolver la situación.

Tras la segunda reunión, Randy presentó su dimisión. Había tenido la sensación de que la junta era demasiado dura e injusta en sus evaluaciones. Yo conocía a los miembros de la junta y había escuchado su versión de la situación, y tuve la impresión de que, aunque estaban siendo muy sinceros con Randy, también estaban de su parte e intentaban ser equilibrados. Aquel era el primer error importante que cometía como líder, y su reacción les sorprendió en extremo. Con sus tropiezos anteriores calificados de *faltas leves,* Randy admitió su error, los demás se mostraron compasivos y todo el mundo los olvidó. Pero en esta ocasión, cuando su error de juicio fue calificado de *falta grave*, los valores le abandonaron.

Su dimisión reveló que su valor de autenticidad no era del todo suyo, que no emanaba de su yo íntimo. Quedaba bien sobre el papel y en asuntos menores, pero rápidamente lo dejó a un lado cuando serle fiel le habría obligado a enfrentarse a dificultades y confrontaciones. Randy era auténtico hasta el punto de admitir pequeños problemas, pero no tuvo estómago suficiente para enfrentarse a errores graves, y se sintió incomprendido y acosado cuando los demás se los señalaron aun cuando, en realidad, solo querían ayudarle.

A esto me refería al decir que tu vida interior, y en particular los valores que sustentan tus elecciones, tienen un peso específico muy significativo en tu liderazgo. Si quieres llevar tu capacidad de liderazgo al siguiente nivel, tus valores han de ser *valores íntimos*, es decir, que provengan de lo más profundo de quien eres en realidad. Tienen que estar tan enraizados en tu persona que te resulte imposible dejarlos a un lado, en particular cuando hay mucho en juego.

Ahora bien, ¿cómo puedes saber cuáles son tus valores íntimos? A continuación, describo cuatro características clave, pero antes de que las leas, anota unas cuantas frases sobre los que tú crees que son los tuyos, o saca tu lista si es que ya la tienes hecha. A continuación, tenlos presentes cuando consideres cada una de las cuatro características. Esto te ayudará a ver con más claridad cuáles pueden ser esos valores y a calibrar hasta qué puntos son «íntimos».

Puedes aplicarte estas líneas maestras tanto si has definido los valores de tu organización como si no lo has hecho. Si estás en una compañía, organización o iglesia que ya tenga definidos una serie de valores, utiliza estas cuatro características para determinar cómo te relacionas con esos valores. Si no converges con ellos, te ayudará a determinar si el problema es que aún no los has «comprado», es decir, si aún no has reflexionado seriamente al respecto, o si en realidad es que no los compartes.

1. Cuando no vives tus valores, te sientes mal

Si tus valores son íntimos, si no se los honra o no se los tiene en cuenta, en particular en el entorno de un negocio o una organización, lo notas. No solo lo notas, sino que te sientes mal. Una violación de valores no se registra como un incidente nimio, sino que hace saltar una alarma interior que dice *¡esto no me parece bien!* No puedes dejarlo pasar sin más.

Por ejemplo, supongamos que el sentido de la justicia es un valor personal tuyo. Quieres ver que a la gente se la trata con justicia en tu grupo. Imagina que una persona que reporta a ti acude con una queja sobre otro individuo sin haber acudido antes a esa persona. Eso es puro cotilleo. Eso hace daño a la gente, y no es un tratamiento justo. Si la justicia es un valor íntimo, te molestará, aunque la información que te facilite pueda serte útil. Pero tú responges a la imagen principal, y el hecho de que te sientas incómodo es una buena señal.

Hace unos años, asistí a un evento para recaudar fondos en un año de elecciones. El presentador, un líder político muy conocido, estaba hablando sobre los candidatos a la presidencia, y analizaba la postura que tomaba cada uno de ellos sobre diversas cuestiones. También hablaba del dilema al que muchos de nosotros nos enfrentamos en una elección: si no estamos de acuerdo con todo lo que dice un candidato, ¿cómo decidir a quién votar? Pero entonces dijo algo sobre valores que se me ha quedado grabado: «Hay algunas cuestiones sobre las que puedo no estar de acuerdo y, aun así, votar por un candidato, pero hay otras que son tan importantes para mí que, si votara por una persona que no estuviese de acuerdo conmigo en ese punto, *ya no sabría quién soy*». ¿Qué era lo que a aquel hombre le hacía reaccionar? Era la conciencia de que hay colinas por las que no vale la pena morir, y otras, por las que sí. Eso es lo que yo quiero decir con que «cuando no vives tus valores, te sientes mal». El compromiso y la capacidad de negociación son rasgos valorados en el liderazgo, pero cuando se trata de valores, siempre quieres saber quién eres.

Algunas personas pueden verse enfrentadas a un dilema que ponga en jaque sus valores y no incomodarse por ello. Rápidamente toman una decisión, hacen balance de las pérdidas y siguen adelante. Este rasgo no es bueno. Podría significar que no han ahondado de verdad en ese valor, de manera que es solo una idea, pero nada más, o también podría significar que piensan más en los términos que el autor James O'Toole llama de *contingencia*, lo que quiere decir que esos valores no son universales, sino que dependen de la situación.[2] Estas personas creen que pueden cambiar las reglas de la integridad si la situación lo necesita, lo cual es un problema serio. Y por último también podría significar que tienen un problema de carácter, y que, en lugar de buscar la consistencia y la integración de sus valores, compartimentan las realidades que les parecen incompatibles. No se inmutan cuando los valores son violados. Si este es el caso, requiere más trabajo.

2. Cuando vives tus valores, tú sabes por qué

Esta es la otra cara de la moneda del carácter sobre el que acabamos de hablar. Si tus valores son íntimos, rápidamente te das cuenta de cuándo se están viviendo, y no solo lo notas, sino que además comprendes por qué y cómo opera ese valor. En otras palabras: hay una correlación directa y observable entre el valor y la salud de tu organización. Puede que no en ese momento o al día siguiente, pero acabará saliendo y será evidente para todos, para bien o para mal.

Volvamos al escenario anterior, el del subordinado que acude con una queja de un compañero, pero hagámoslo de otro modo. Esta vez, el subordinado acude a ti después de haberse tomado la molestia y de pasar el mal rato de enfrentarse al ofensor. En este caso, el ofensor se había puesto a la defensiva o no había ofrecido ninguna respuesta, de modo que ahora tu subordinado te está pidiendo ayuda, ya que eres el siguiente escalón en el protocolo de resolución de conflictos. Sabes que le ha costado lo suyo intentar hablar con esa otra persona, pero hacerlo antes de acudir a ti era lo correcto. Y tú sabes que no solo era lo correcto para la organización, sino que afecta positivamente al éxito de tu equipo. La gente desempeña mejor su labor cuando sabe que se le trata con justicia, y las personas que integran tu organización confían en ti y en tus buenas prácticas porque juegas con tus propias reglas. Entiendes el porqué de la realidad de que la empresa funciona mejor, tanto en ejecución como en cultura, gracias al valor que está siendo expresado y vivido correctamente. El porqué conecta los puntos que hay entre la acción y la consecuencia, entre lo que la Biblia llama sembrar y segar (Gálatas 6.7).

De modo que, cuando ves que tus valores se viven, entiendes por qué y sabes cuál es el impacto que tienen en la salud de la organización y en tu capacidad para liderar de un modo eficaz. Como resultado, tienes la certeza de que, como dice mi amigo el doctor Henry Cloud: «los buenos ganan».[3]

3. Experimentas tus valores más de lo que te acuerdas de ellos

Cuando tus valores son sinceros, cuando son íntimos, es posible que ni siquiera pienses en ellos de un modo explícito. Están tan arraigados en ti que simplemente forman parte de cómo piensas, de cómo te relacionas, de cómo lideras. Sin duda, es útil revisar tu lista de valores y seguir actualizándolos y mejorándolos. Pero si son los adecuados, no tienes que seguir leyéndolos a modo de recordatorio porque de modo rutinario los experimentas, *vives lo que valoras*.

Les ofrezco un ejemplo reciente. Trabajé con un pastor que tenía una relación difícil e inestable con uno de sus colegas. Estaba en desacuerdo con una decisión que había tomado y, a modo de respuesta, el otro pastor le había acusado de maltratarlo y comenzó una campaña bajo cuerda contra él. El conflicto amenazaba con desmembrar su iglesia porque la gente empezaba a tomar partido por uno de los dos. Tras analizar concienzudamente la información que cada uno de los dos me proporcionó, llegué a la conclusión de que el primer pastor era el que tenía razón y que el segundo se equivocaba rotundamente. Fui al primero y le dije:

—Creo en lo que me has dicho sobre esta situación, pero pienso que deberías llamar al otro pastor y ofrecerle algún tipo de reconciliación. Sé que debería ser él quien te llame a ti, pero como está convencido de que lo has tratado mal, no lo va a hacer. Si quieres solucionar el problema, creo que te toca a ti dar el paso.

Sabía que uno de sus valores fundamentales era la dedicación, es decir, asumir la responsabilidad de los actos de su vida y sus consecuencias, y no dudó. Inmediatamente descolgó el teléfono e hizo la llamada. Se humilló haciendo ver que era él quien *tenía* el problema y le tendió la mano al otro pastor, aun cuando había sido él el ofendido. El segundo pastor acabó marchándose, pero su salida no fue tan traumática para la iglesia como podría haberlo sido.

Quiero centrarme en la *inmediatez* de la respuesta del primer pastor. Esperaba que me hubiera dicho algo así: «Es *él* quien tiene el problema. ¿Por qué no viene él a mí?». Podría haberlo dicho, pero estaba viviendo uno de sus valores íntimos, la dedicación. No tuvo que sacar una lista ordenada alfabéticamente con sus valores para ver qué tenía que hacer. No fue necesario. Su mundo interior estaba tan transformado por su dedicación, que era su forma de trabajar por defecto, aun en una situación difícil. No le hizo falta apretar los dientes y hacer un gran esfuerzo, sino que respondió de manera natural con su verdadera forma de ser, como persona y como líder. Gran parte de lo que significa ser un líder con intuición es algo así: ser tú mismo.

4. Hay una conexión directa entre los valores y los buenos resultados

Volvamos a la idea primordial de este libro: liderar con la intuición, con todo lo que hay en tu interior; esto te hará obtener mejores resultados en tu liderazgo, de modo que mientras trabajas en tu organización, desarrollas a tu gente y persigues tus objetivos, podrás ver cómo los ideales adecuados son fundamentales para que puedas obtener los frutos que persigues. Lo conforman todo: desde tus conversaciones y el modo en que te relacionas con los demás hasta tus planes y decisiones estratégicos, y puede que incluso cómo respondes al reconocimiento. Hace poco felicité a un amigo que es copropietario de una exitosa organización dedicada a la renovación de edificios comerciales. Me había contado que entró en el negocio con solo diecinueve años como aprendiz. Sin duda había comenzado en el peldaño más bajo de la escalera, pero, poco a poco, trabajando duro, asegurándose de ofrecer el mejor de los productos, organizando procesos y sistemas eficaces, cultivando buenas relaciones y tratando bien a sus empleados había logrado al fin tener una participación en la empresa. Ahora, con cuarenta y tantos años, ha logrado alcanzar el éxito.

Su trabajo y sus logros me habían impresionado, y cuando lo felicité, así es como él describió la clave de su éxito: «He intentado ser consciente en todo momento de que hay muchas cosas que no sé, así que siempre he estado dispuesto a escuchar y aprender».

¿Ves cuál fue su reacción? En cuanto lo felicité, él estableció una conexión directa entre sus valores y sus buenos resultados; prueba fehaciente de que sus valores están bien enraizados.

Cuando los grandes líderes analizan sus logros y sus fracasos, pasan un tiempo considerable explorando cómo esos resultados fueron fruto bien de su respeto por el camino que le marcaba la brújula de sus valores, bien de las ocasiones en las que se apartaron de él. Nunca pasan por alto la importancia de la Estrella Polar de los valores.

Marca la diferencia

Tus valores íntimos son las «tripas» de tu organización. A medida que vayas pensando en términos de valores y los vayas utilizando deliberadamente cuando tomes una decisión, descubrirás que se irá convirtiendo en un hábito automático. Un cliente con el que llevo años trabajando se ha vuelto muy predecible en este sentido, y para bien. Cuando empezamos a trabajar juntos, nos reuníamos para hablar sobre alguna oportunidad o algún reto que se le había planteado y él me describía la situación. Entonces yo le preguntaba cómo entraban en juego sus valores en aquel proceso. Después de trabajar juntos durante un tiempo, una vez que me había descrito la situación, se lanzaba sin pausa a decirme: «Por supuesto, mi pensamiento siguiente tiene que ser sobre cómo entran en juego mis valores en este proceso». Ahora forma parte intuitiva y sin fisuras de su toma de decisiones.

De modo que en este punto tómate un instante para poner en una lista no solo los valores de tu organización, sino los tuyos personales. Fíjate en cómo se relacionan y coinciden, o hasta qué punto no lo hacen. El próximo capítulo te ayudará a dar el siguiente paso en el proceso, que es consolidar tus valores personales.

Capítulo 3

CONSOLIDAR TUS PROPIOS VALORES

Cuando estaba en un seminario, uno de mis profesores, el doctor Charles Ryrie (autor de *Ryrie Study Bible*), contó una historia memorable acerca de una conversación que mantuvo con uno de sus alumnos anteriores.

—¿Podría darme una lista de razones por las que piensa que lo que dice la Biblia es cierto? —preguntó el alumno.

—Podría hacerlo, pero no lo haré —contestó el doctor Ryrie.

—¿Por qué no? —inquirió el alumno, un poco confuso.

—Me costó diez años de trabajo identificar las razones por las que creo que lo que dice la Biblia es cierto, y pienso en ello, lo utilizo y enseño teniéndolo presente todo el tiempo. Modela mi forma de trabajar. Si te entregara un papel con todas mis razones, ¿qué clase de pasión tendrías para enseñárselo a otros? Es más: ¿qué clase de pasión podrían tener aquellos a los que se lo enseñaras para enseñárselo a su vez a otros, para enseñárselo a la siguiente generación?

Esta historia ilustra un principio importante: *para que tus valores sean importantes, has de «poseerlos» y asumir la responsabilidad que supone tenerlos.* Valoramos las cosas en las que hemos invertido energía porque hemos echado carne en el asador. Para que tus valores sean algo más que una simple lista enmarcada y colgada en la pared, tendrás que haber invertido energía en reconocerlos.

En las siguientes páginas, seguiremos una metodología que te ayudará a determinar y a consolidar tus propios valores, tanto a nivel personal como organizativamente.

Valores personales

El modo más efectivo de identificar tus valores es trabajándolos desde adentro hacia afuera, es decir, empezando con tus valores internos, la parte íntima de la ecuación. Verás cómo tus valores organizativos serán entonces mucho más fáciles de determinar.

Por otro lado, no pongas límites por ahora a cuántos valores aparezcan en tu lista. De hecho, cuantos más, mejor. Cuando hayas completado la lista del modo más exhaustivo posible, podrás reducirla y dejar de tres a siete. Digamos que es la parte creativa o de lluvia de ideas del proceso.

Paso 1: identifica los valores a los que aspiras

Empieza por escribir una lista de *valores a los que aspiras*. Son las verdades que deseas experimentar, y por lo tanto «aspiras» a ellas. Aspiras a ellas porque aún no has logrado vivirlas del todo, pero son principios con los que quieres comprometerte y que rijan tu existencia. El apóstol Pablo describió uno de los valores a los que aspiraba cuando escribía sobre su deseo de madurez y plenitud espiritual: «No que lo haya alcanzado ya, ni que ya sea perfecto; sino que prosigo, por ver si logro asir aquello para lo cual fui también asido por Cristo Jesús» (Filipenses 3.12). En este mismo sentido, los valores a los que aspiramos nos inspiran, nos centran y nos ofrecen un estándar que alcanzar. A continuación, les ofrezco algunos ejemplos:

- Seguir a Dios
- Priorizar relaciones
- Sentir empatía con los demás
- Crecer espiritual, personal y emocionalmente
- Vivir una vida de excelencia
- Sinceridad y honestidad
- Comprometerse con la misión y el objetivo que se tiene en la vida
- Aprender a ser un buen líder para los demás

Los valores no son algo que creamos o que componemos nosotros mismos, sino algo con lo que nos identificamos y seguimos. Los valores existen como verdades universales, y son ciertos tanto si somos conscientes de su existencia o si creemos en ellos o no. Al igual que la fuerza de gravedad obliga a volver a la tierra a todo aquello que está lejos de ella, los valores forman parte de las reglas básicas de la vida.

La gente suele pensar que identificar sus valores personales es una tarea onerosa y vaga, pero yo he encontrado un modo sencillo, en tres pasos, para hacer que el trabajo sea más eficaz y accesible.

Consolidar un valor primario al que aspiremos. Puesto que todos los valores del universo manan de Dios, sencillamente tiene sentido que los líderes que desean trabajar desde un marco intuitivo empiecen considerando como su valor primario el siguiente: *lo que Dios valore, yo lo valoraré.* Tampoco es que tengamos que inventárnoslos. En la Biblia, Dios ya nos ha dado un número de cosas que le importan. Cito algunos ejemplos:

- *Amor*: debemos seguir la instrucción que nos dio Jesús de que amásemos al Señor nuestro Dios y a nuestro prójimo (Mateo 22.36–40), que son los dos valores más elevados del reino de Dios. El apóstol Pablo proporciona una técnica adicional en cuanto a lo que significa en términos prácticos amar al prójimo (1 Corintios 13.1–13).
- *Responsabilidad*: somos servidores en la tierra de las tareas que Dios nos encomienda en el mundo. La primera orden que Dios le dio a Adán y Eva fue llenar la tierra y domesticarla (Génesis 1.28).
- *Obediencia*: debemos seguir las órdenes de Dios. Por ejemplo, los Diez Mandamientos (Éxodo 20.1–17) es una lista de directivas fundacionales cuyo propósito es ayudarnos a seguir a Dios y a tratarnos bien los unos a los otros.
- *Sabiduría*: debemos aprender a vivir buscando la sabiduría. El libro de los Proverbios proporciona muchos principios sobre cómo debe ser una vida sabia.
- *Carácter*: debemos esforzarnos por que crezca nuestra capacidad para vivir una vida integrada. El profeta Miqueas describió los requerimientos fundacionales para que el carácter se desarrolle en este sentido: «Solamente hacer justicia, y amar misericordia, y humillarte ante tu Dios» (Miqueas 6.8).
- *El evangelio*: debemos llegar al mundo con el mensaje de Cristo, un encargo al que solemos referirnos como La Gran Comisión (Mateo 28.19–20).

Una vez que hayas elegido el valor que sea «el tuyo», revisa el resto a su luz. Cuando reflexiones sobre esta lista, no te dejes agobiar por la sensación de que tienes que encontrar el grupo de valores bíblicos «infalibles». Hay cientos, ¡y el objetivo es terminar con un máximo de siete! Tampoco dejes que te angustie la sensación de todo o nada: «estoy dejando fuera el resto de la Biblia». No es así. Sean cuales sean los que elijas, son importantes para Dios y para ti, pero tienes que poner el punto en alguna parte y creo que terminarás adquiriendo una magnífica guía para tu vida, y para tu liderazgo, si mantienes tu lista de valores a los que aspires oscilando entre tres y siete.

Al mismo tiempo, ten presente que lo que la Biblia dice que es lo más importante seguramente será también lo más importante para ti. Tenlo presente cuando estés redactando tu lista. Cuando a mí me tocó trabajar en mi propio sistema de valores íntimos, que está incluido al final de este capítulo, me llamó la atención la primacía del amor en la Biblia, y me aseguré de que ocupase uno de los primeros puestos en mi lista.

Es decir, que la clave que has de tener siempre presente cuando comiences con los valores bíblicos es la siguiente: *lo que Dios valore, yo lo valoraré*. Todos los demás valores a los que aspires deben servir y reforzar este.

Vuelve la mirada al modelo al que aspires parecerte. Todos tenemos modelos, mentores e instructores personales que nos han inspirado para llegar a ser más de lo que somos. Examina los valores de las personas que admiras, en las que confías o las que te han ayudado. Si viven, simplemente pregúntales: ¿Cuáles son los valores fundacionales por los que te guías? Si ya han fallecido, revisa la historia que hayas vivido con ellos y determina los valores que percibiste. Si no los conoces en persona, por ejemplo, si son escritores o grandes líderes de la historia, consulta sus escritos y sus biografías para identificar los valores por los que se regían. Y añade sus valores a tu lista.

Durante muchos años he tenido una junta de consejeros, personas que me ayudaban a no perder el norte con mi vida, mi misión, mi carrera y mi negocio. Son personas que me conocen bien, que me ofrecen una guía y me ayudan a rendir cuentas. También son individuos que han alcanzado grandes cotas de éxito y grandes logros en su propio ámbito, de modo que tienen una experiencia desde la que hablar. Tomé de ellos muchos de mis valores en aquel momento, tal como vivir con una visión, con sabiduría, autenticidad, honradez, estructura y estrategia. Todos ellos me ayudaron a conformar mis pensamientos y a redactar mi lista final de valores personales.

Haz una búsqueda en la red. Saca partido a la ingente cantidad de información disponible en Internet. Yo he hecho muchas búsquedas sobre valores y he descubierto varios que, de otro modo, habría pasado por alto. Uno de ellos fue el de la creatividad, por ejemplo. No pasó el corte final, ¡pero figura en mi lista larga!

Paso 2: identifica tus valores observables

Una vez identificados los valores a los que aspiras, el siguiente paso es identificar los valores observables, que yo defino como *ese conjunto de valores que ya estoy viviendo*. No es necesario acudir a una fuente inspiradora para nombrarlos. Basta con que mires a lo que en este momento guía tu comportamiento, tu modo de interactuar, tus elecciones. Puede que ni siquiera seas consciente de ellos, pero algo te está influyendo para que hagas lo que estás haciendo en tu vida y en tu liderazgo.

Hay valores observables saludables, y hay otros que son perniciosos. Los saludables están en sintonía con lo que le importa a Dios y propician grandes crecimientos, relaciones y productividad. En otras palabras: dan el fruto esperado. Los valores perniciosos trabajan contra lo que Dios pretende para ti, y ralentizan o incluso obstaculizan tu avance como persona de éxito y fructífera.

Valores observables saludables. Básicamente son la mejor versión de ti mismo. Son los principios que te hacen ser la mejor persona que puedes ser, y que te hacen lograr los mejores objetivos a tu alcance. Puede que no seas consciente de ellos, pero están ahí, promocionando e influyendo los comportamientos y las actitudes acertadas.

Por ejemplo, en la etapa inicial de mi trabajo con Trent, un cliente mío que dirige una sociedad de inversiones con una gran cartera de clientes, le pregunté sobre sus valores interiores. Una de las cosas que había notado de inmediato era que se centraba siempre en tener en mente sus prioridades. Esto se mostraba en lo atento que era con su esposa y sus niños, cómo se comprometía con sus amigos, cómo servía a su iglesia y lo disciplinado que era en su programa de ejercicios (mucho más que yo). Dicho esto, es fácil imaginar que su empresa también es una de sus más claras prioridades. Cuando le hice estaba observaciones, él me dijo de inmediato: «Sí, para mí es fundamental centrarme en lo más importante». Por lo tanto, su primer valor interior observable había quedado definido y expresado con palabras.

El valor observable de Trent es bueno, encaja bien con otros valores saludables y contribuye a que su vida fructifique. Es un valor observable saludable.

Analiza las elecciones que has hecho en tu vida y considera los puntos que tienen en común. Pregunta a aquellos que te conocen bien qué han observado en ti. Añádelo a tu lista.

Valores observables perniciosos. Desgraciadamente también podemos dejarnos guiar por valores que no son buenos y que no nos hacen ningún bien, ni nos ayudan a avanzar en la misión que tenemos en la vida. Hasta que no los identificamos y resolvemos, estos valores perniciosos no nos dejan ser la mejor versión de nosotros mismos. Por eso tomarse el tiempo necesario para identificarlos es tan importante.

Matt y Sandra, los líderes que conocimos en el capítulo anterior, son grandes ejemplos. El valor pernicioso de Matt era el control a expensas de la libertad, y el de Sandra, mantener el ritmo a expensas de solucionar problemas. Ninguno de los dos disfrutó identificándolos o admitiéndolos, y se sintieron fatal con ellos mismos durante un tiempo. Pero ambas eran personas comprometidas con su propio crecimiento y el de sus organizaciones, e hicieron grandes progresos. Matt comenzó a confiar en los demás y a ser tolerante con los errores, y Sandra empezó a mantener conversaciones francas y productivas que despejaron la atmósfera.

Una vez que hayas puesto sobre el papel tus valores perniciosos, busca su contrario y añade esos valores saludables a tu lista. ¿Cuál es el valor saludable que quieres experimentar para reemplazar al pernicioso? Matt le dio la vuelta a su valor pernicioso de querer controlarlo todo, y lo reemplazó por «confianza en la competencia y el carácter de los demás». Sandra cambió su costumbre poco saludable de evitar los conflictos y la sustituyó por «abordar confrontaciones relacionales que solucionan problemas y mantienen la alianza». Tú puedes hacer lo mismo con tus valores perniciosos.

No permitas que la vergüenza o la culpa te impidan acometer esta importante labor. Céntrate en el amor y la gracia de Dios y apóyate en las personas que están ahí «para» ti, ya que todas ellas quieren que seas el líder intuitivo y saludable que estás destinado a ser, y este es un paso esencial en tu camino para conseguirlo. Aborda el problema y estudia los patrones que te han llevado en más de una ocasión a hacer elecciones que has tenido que lamentar.

Paso 3: reduce al mínimo tu lista

A estas alturas debes tener ya más de siete valores, entre valores a los que aspires y valores observables, y puede que incluso lleguen a los tres dígitos. Empieza a reducir ese número. Es doloroso pero necesario. A continuación, te doy algunos consejos para ayudarte a hacerlo:

Identifica las prioridades bajas. Son valores que importan, pero está muy claro que no se acercan a los siete principales. Por ejemplo, mantener la oficina organizada es valioso, pero no pasa el corte.

Elimina redundancias. Con frecuencia encontrarás valores que son muy parecidos entre sí, de modo que podrás combinarlos o simplemente eliminar uno. Por ejemplo, «responsabilidad» y «disposición» podrían fundirse en uno solo.

Clasifica los valores que te queden en dos columnas: imprescindibles y deseables. Tu cabeza comenzará a distinguir entre ambas.

Comparte tu columna de imprescindibles con algunos amigos de confianza o compañeros y pídeles que te ayuden a escoger tus favoritos. Los amigos o los compañeros inteligentes pueden ayudarte a separar aquellos que son importantes, pero no vitales, de modo que podrás centrarte en tus siete valores capitales.

Una vez que hayas construido, revisado y vetado valores de tu lista de íntimos, puedes hacer lo mismo con los organizativos. Sin embargo, la parte más dura del trabajo ya tienes que haberla hecho, y este proceso debería ser más corto y más fácil.

Valores organizativos

¿Cuáles son los principios irrenunciables que determinan la dirección y las decisiones de tu organización? Los beneficios de consolidar cuidadosamente estos principios con el proceso que voy a describir a continuación son inconmensurables.

Con demasiada frecuencia he visto cómo una empresa describe sus valores con todo lujo de detalles en una página web y en unos cuantos carteles para después ignorarlos por completo en lo que se refiere a su operativa. Es entonces cuando el trabajo invertido en valores se convierte en una triste, aunque bienintencionada pérdida de tiempo y esfuerzo.

Por fortuna también he visto organizaciones que hablan constantemente de sus valores y que estudian sus elecciones a través del cristal que ellos mismos proporcionan. Hace poco, un cliente mío decidió ponerse las pilas y tomarse en serio sus valores. Habían tenido un grave conflicto con otra compañía, y aunque habían salido victoriosos, la agresividad con que habían enfrentado el conflicto que había acabado con un típico yo-gano-tú-pierdes había despertado en ellos serias dudas. Llegaron a la conclusión de que les habría gustado que el resultado fuese que ambos hubieran ganando. Si se hubieran dejado regir por sus valores, habrían dado prioridad al hecho de que ambas compañías ganasen, aun a pesar de la necesidad de ser competitivos. Este ejemplo es perfecto para ilustrar hasta qué punto es importante consolidar un valor que de verdad importe y rija nuestro comportamiento.

A continuación, describo dos pasos que se pueden dar para ayudarte a identificar valores organizativos que de verdad tengan significado:

Paso 1: elige valores que estén relacionados con el rendimiento

Déjame decirte algo que es obvio: el trabajo es diferente a la vida. Por un lado, tenemos un producto o servicio que debe ser ejecutado a la perfección, lo que significa que tiene que ver con el rendimiento. Tu vida no está tan centrada en el desempeño, o al menos no debería ser así. Por ejemplo, un valor personal clave podría tener que ver con el amor que le expresas a tu familia. Ese amor es un fin en sí mismo, pero si el amor forma parte de un valor organizativo, debes ligarlo al funcionamiento de la empresa. Por ejemplo: «nos queremos los unos a los otros, sabiendo que, si la relación es magnífica, contribuye a que los resultados también lo sean».

Eso no quiere decir que cada valor que tengas haya de estar relacionado con un desempeño específico. Sin embargo, sí que significa que todos los valores deben *contribuir al desempeño*. Voy a citar algunos ejemplos:

- Cultura saludable
- Orientado al trabajo en equipo
- Excelencia en los resultados
- Interés vivo en el bienestar de aquellos que están sufriendo
- Integridad en todas las cosas
- Orientado a la investigación
- Líder de mercado
- Orientado a lograr que los niños desarrollen todo su potencial
- Elevado grado de satisfacción del cliente

Te sorprenderá comprobar cuántos de estos valores suman para que una organización funcione correctamente. Las empresas triunfadoras no alcanzan el éxito solo trabajando duro. Nunca ha sido tan sencillo. Por lo tanto, dedícale un tiempo a pensar en las distintas divisiones, equipos y personas que integran tu grupo, y quién está haciendo algo que suponga una contribución. Luego crea valores a partir de eso. Por ejemplo, encontrar la relación entre el lazo que tu equipo creó durante un fin de semana de convivencia fuera de las oficinas y los excelentes resultados obtenidos en el siguiente trimestre podrían conducirte a un valor que fuera «la confianza es la clave de nuestro desempeño».

Paso 2: identifica los valores observables y ambicionables para tu organización

Sigue el mismo proceso con tus valores organizativos empresariales que con tus valores personales, es decir, anota las aspiraciones que quieres que tenga tu organización o tu grupo y los valores observables (saludables y perniciosos) que tu gente y tú están viviendo en este momento. Una empresa con la que trabajé descubrió que uno de sus valores observables era: «los empleados tienen una gran relación entre sí, al margen del desempeño». Este descubrimiento dejó a su CEO bastante desasosegado, y rápidamente comenzó a trabajar en: «los empleados tienen una gran relación entre sí *y* un gran desempeño».

En este paso lo más probable es que acabes con muchos más de siete valores, pero no te preocupes. De hecho, cuantos más, mejor. He constatado con frecuencia que los últimos valores en entrar en la lista suelen ser los que al final pasan el corte. Puede que sea porque, cuanto más trabajas en el proceso, especialmente con los demás, más agudo se hace tu pensamiento porque tu cerebro va aprendiendo cómo hacerlo con el paso del tiempo.

Paso 3: reduce al mínimo tu lista empresarial revisándola a la luz de tu lista personal

Es sencillo. Si alguno de tus valores empresariales entra en conflicto con tus valores personales, elimínalo. Si encaja, se queda hasta que tu lista quede reducida a un número que oscile entre tres y siete. En la mayoría de las ocasiones verás que tus valores empresariales encajan. No se me ocurre ningún valor empresarial que alguno de mis clientes anotara, en particular después de haber trabajado con los personales, y que no encajase en algún punto.

Revisa estos valores, habla sobre ellos con los demás y deja que pase algún tiempo entre revisiones. Tu cerebro funciona mejor cuando ha tenido tiempo de digerir el material entre sesiones, pero cuando percibas que no estás haciendo nada aparte de pulir las cosas, es que ha llegado el momento de presentárselos a tu organización. Trabajar con ellos en el ámbito de tu empresa puede incluir distintas alternativas:

- Pídele a tu personal que añada, mejore o apruebe.
- Presenta la versión final en una reunión de personal formal para trasladar la idea de que tiene peso específico.

- Haz que sean personas distintas en cada reunión de equipo las que analicen y digan qué es lo que uno de los valores en particular significa para ellos y qué impacto tiene en su departamento o grupo.
- Crea recordatorios visuales, tales como carteles o pancartas en la web que mantengan la importancia de lo importante.

Un ejemplo de valores

Al igual que uno ha de comerse lo que cocina, yo he querido compartir mi lista de valores personales y empresariales. Una vez pasado por el proceso que acabamos de describir, así es como se consolidaron mis listas:

Valores personales

Amor (a Dios y a las personas). Quiero estar conectado mediante relaciones vulnerables con Dios, con mi familia y con los amigos que más me importan.

Responsabilidad. Tomaré las riendas de mi vida y de cómo voy a pasar mi tiempo y energía, siempre limitados.

Vivir libre. Quiero tomar libremente las decisiones que se basan en mis valores, y no hacerlo movido por la culpa, la vergüenza o la dependencia.

Santidad. Rechazaré las cosas que me separen de Dios y del camino que Él ha dispuesto para mí.

Compromiso con el crecimiento. Me involucraré con personas y estructuras que promuevan mi desarrollo espiritual, personal, emocional y de relación.

Una carrera con sentido. Invertiré mi talento en tareas que hagan avanzar mi propia misión en la vida y que provean para mi familia y para mí.

Servicio y generosidad. Seré generoso con los necesitados compartiendo mi dinero, mi tiempo, mi atención y otros recursos.

Valores empresariales

Convergencia con la misión. Todo el mundo comprende y está comprometido con el papel que ha de interpretar apoyando y haciendo avanzar la misión de la organización.

Cultura saludable. Nuestra gente participará en relaciones, actitudes y comportamientos (RAC) que sean profesionalmente vulnerables, honrados y solidarios.

Excelente desempeño. Ponemos en el mercado productos y servicios excelentes, y podemos medir nuestro nivel de responsabilidad.

Crecimiento constante. Promocionamos un crecimiento constante de nuestra gente y nuestros procesos que nos permita estar siempre actualizados y lograr la excelencia.

Fíjate que no hay correspondencia exacta entre mis valores personales y empresariales, pero sí una relación de apoyo entre ellos. Por ejemplo:

- El valor empresarial de convergencia con la misión está relacionado con el valor personal de una carrera significativa. Gran parte de nuestro tiempo y esfuerzo durante los años que pasamos en la tierra está destinado a lograr algo meritorio que mejore la vida. En ese sentido, contribuimos al mandato bíblico de «llenad la tierra, y sojuzgadla» (Génesis 1.28). Eso es lo que hace por nosotros una carrera significativa. Y cuando la misión del líder de la organización se halla comprometida con ello, los esfuerzos que se realizan resultan consistentes y tienen sentido.

- El valor empresarial de una cultura saludable se relaciona con el valor personal del amor. La cultura, como yo la entiendo, es *cómo las relaciones, las actitudes y los comportamientos impulsan el rendimiento.* Es decir, las muchas formas en que conectamos, o en que verdaderamente nos queremos los unos a los otros en nuestro lugar de trabajo tiene un impacto directo sobre el funcionamiento de la empresa. El amor motiva, anima y genera energía. Es el verdadero combustible de nuestras actividades.

- El valor empresarial de un desempeño excelente se relaciona con el valor personal de la responsabilidad. Hemos de tomar las riendas de nuestras responsabilidades en la vida y comprometernos deliberadamente a llevarlas a cabo. Cuidar de nuestras familias y amigos, ser prudentes económicamente, cuidarse bien y tener objetivos significativos forma parte de lo que es ser responsable. Esta es la parte de la vida en que hemos de actuar, y el objetivo final de una organización es actuar o ejecutar de manera responsable lo que es más importante.

  Un amigo mío que es dueño de un negocio de redes sociales dijo hace poco: «Hay una gran diferencia entre tener cien mil seguidores en Facebook y alcanzar un objetivo pro forma para un cliente. Si no soy responsable del resultado final, me despedirán, y con razón. Mis actos deben lograr el resultado en el desempeño que el cliente necesita». No podría estar más de acuerdo con él.

- El valor empresarial de crecimiento continuo se relaciona con el valor personal del compromiso con el crecimiento. No hay líder que no haya escuchado la frase *aprendizaje continuo*. Se refiere a la necesidad que tiene una compañía de crecer o sucumbir. Hay un fuerte paralelismo entre esta realidad empresarial y lo que ocurre en nuestra vida personal. En particular en crecimiento intelectual y salud, sabemos que la gente que vive de un modo correcto, que es curiosa y que desafía de manera activa su mente tiene más posibilidades de poseer un cerebro que funcione correctamente durante muchos años.

Siempre que puedas establecer una conexión significativa entre tus valores empresariales y personales, estarás en el camino correcto. Por cierto, yo reviso los míos anualmente. Las cosas cambian, y por lo tanto también nuestras prioridades.

Ten presente que del mismo modo que tú eres un ser vivo, tu organización tiene vida, es un organismo con un objetivo, una dirección, motivación, puntos fuertes y puntos débiles. Cuanto más claros tengas tus valores personales, más ayudarás a la organización a vivir los suyos propios.

Todo se reduce a esto

Como consultor, los mejores informes que puedo recibir por mi trabajo provienen de la gente que rodea a mis clientes: colegas, familia y colaboradores directos, y en lo que dicen sobre ellos una vez que ha concluido nuestro trabajo juntos. Ellos son quienes experimentan el impacto del crecimiento de mi cliente, o la ausencia de él. Entre mis informes favoritos figura lo que el consejo, los colaboradores directos y la esposa de un CEO con el que trabajé escribieron después. Sus comentarios fueron de una significación muy especial para mí:

- «Está generando grandes resultados», dijo un miembro de la junta.
- «Es sincero y directo, pero también sabemos que está de nuestro lado», dijo uno de sus colaboradores.
- «Es vulnerable y accesible emocionalmente», dijo su esposa.

Cada comentario representa un cambio positivo o un crecimiento en la vida del CEO y en su liderazgo, y cada uno de ellos está relacionado directamente con los valores que identificó y que puso a funcionar en su vida y en su trabajo.

Al final, aquellos que lideran desde su intuición vuelven una y otra vez a sus valores personales con el fin de utilizarlos de base para la consecución de sus objetivos de liderazgo. Por eso es tan valioso hacer un hueco en la agenda para poner los valores a trabajar. Identificar tus valores y vivirlos no solo te ayudará durante el resto de tu carrera, sino durante el resto de tu vida.

PARTE II

PENSAMIENTOS

LOS LÍDERES PIENSAN EN PENSAR

Un amigo mío de mucho tiempo, Jim, es líder en la industria de los medios de comunicación, un mundo en el que es muy respetado por sus reflexiones, su ética y los resultados que obtiene. Hemos tenido muchas conversaciones y me he beneficiado de nuestra amistad. Hay un patrón que he notado que se repite con Jim y con otros líderes eficaces, y es el siguiente: le presentas un problema complicado, por ejemplo, algo con complejidades financieras, o que implique la personalidad de varias personas, o la economía de mercado... cosas así. Le describes la situación desde cuantos ángulos puedes hacerlo. Le dices por qué lo has identificado. Le dices también lo que otras personas te han dicho hasta ese momento. Y luego añades: «Bueno, ¿qué te parece? ¿Pesco el pez o quito el cebo en esta situación?».

Jim te habrá escuchado atentamente y te habrá hecho algunas preguntas muy bien dirigidas. A continuación, guardará silencio un momento y luego te dirá: «Déjame que lo piense».

Es algo que, a veces, puede resultar frustrante. Has gastado un montón de energía diseccionando la situación y ahora tienes que esperar. Pero después de haber pasado por esta misma experiencia en muchas ocasiones con Jim, he descubierto que esperar vale la pena. Me llamará en unos días y me dará una perspectiva en la que yo no había pensado, y normalmente resultará de gran ayuda.

Y esta es la cuestión: no solo esa nueva perspectiva no se me había ocurrido, sino que *tampoco se le había ocurrido a él en el momento en el que hablamos.* Cuando le presenté la situación, en realidad no sabía aún qué pensar. Jim no me estaba dando largas o impartiendo una lección sobre paciencia, sino que en realidad aún no había formulado su opinión final. Estaba escuchando y aprendiendo activamente. Por supuesto que tendría ideas y opciones rondándole por la cabeza mientras yo le hablaba. La mayoría las tenemos. Pero él sabía que aquel no era el mejor momento para pensar. Quería recoger cuanta información estuviera a su alcance y luego pasar un tiempo rumiándola.

Este enfoque funciona bien. Por supuesto con esto no quiero decir que los amigos y consejeros que te dan su respuesta en ese mismo momento no puedan proporcionarte opiniones de gran sabiduría. Claro que sí. Pero los Jim del mundo poseen unos promedios envidiables porque *piensan* y respetan el tiempo que se necesita para pensar de un modo concienzudo.

Y no solo eso: las personas a las que Jim dirige en general sienten del mismo modo que yo. El hecho de que se tome su tiempo para meditar minuciosamente sus palabras y los problemas hace que sus respuestas sean significativas e importantes para ellos. Aquellos a los que influye y dirige encuentran que este rasgo es una razón de peso para seguirlo.

Lo creas o no, se ha llevado a cabo una ingente cantidad de investigación sobre este proceso de «pensar cómo pensar», un proceso conocido como *metacognición*.[1] Los investigadores estudian cómo piensan los seres humanos para ayudarnos a mejorar nuestro proceso de pensamiento. De este mismo modo, los líderes que deliberadamente salgan de sí mismos transformando en hábito la técnica de observar cómo piensan cuando piensan, descubrirán que su pensamiento va volviéndome más efectivo y claro.

Es habitual caracterizar a las personas como «racionales» o «sensitivas». Las racionales son personas que se guían por la lógica y los datos. Las sensitivas son personas con inteligencia emocional y relacional. Aunque estas caracterizaciones pueden ser ciertas y útiles en cierto sentido, identificarte en exclusiva con la una o la otra no es un punto a tu favor en materia de liderazgo. De hecho, es más bien un déficit. Neurológicamente los seres humanos no estamos diseñados para ser racionales *o* sensitivos, sino para ser *ambas* cosas, y aunque todo el mundo tiene una preferencia y tienda a ser más lo uno o lo otro, los líderes que se identifican y se comportan como racionales o sensitivos no están empleando toda su capacidad.

En realidad, *tu corazón tiene cerebro y tu cabeza, tripas.* Sea cual sea tu preferencia, no puedes ignorar la otra parte, o —y esta es una enfermedad del liderazgo— delegar en otra persona para que lo haga. Los mejores líderes *integran* su forma de pensar: desarrollan y confían tanto en su corazón como en su cabeza. Y los capítulos que vienen a continuación están diseñados precisamente para ayudarte a lograrlo.

Capítulo 4

TU CORAZÓN TIENE CEREBRO

Los buenos líderes reconocen el valor de pensar con claridad. De hecho, la mayoría pasa gran parte del tiempo pensando, en toda clase de contextos. A veces ese pensamiento ocurre a solas en una habitación, reflexionando. Otras, se trata de una reunión con colegas para la toma de decisiones. A veces es un proceso instantáneo y bajo presión. Pero el acto de pensar es crítico.

Pensar es una actividad interna. Cuando consideras si uno de tus colaboradores directos se encuentra en el lugar más adecuado para su talento, estás pensando. Cuando aplicas recursos a un área distinta del mercado, estás pensando también. Cuando consideras qué material de estudio utilizar con tu pequeño grupo el trimestre que viene, eso es pensar. Al igual que con tus valores, tus pensamientos forman parte de lo que hace falta para ser un líder que reflexiona y descubre las muchas cosas que se necesitan para lograr los mejores resultados.

Como he mencionado antes, pensar —el razonamiento necesario para tu vida y tu liderazgo— es crítico y fundamental para tu trabajo. Por eso liderar con la intuición también incluye el razonamiento. Aprendes sobre tu cabeza utilizando la cabeza. El aparato con el que trabajas es, al mismo tiempo, lo que observas. ¡El aparato que estás observando es también el aparato que estás utilizando para observar! Esto podría parecer una trivialidad, pero es que quiero que seas consciente de que tus pensamientos no son siempre correctos porque la mente no es infalible. He visto demasiados líderes que nunca se cuestionan sus pensamientos o sus tendencias mentales y peculiaridades, y su liderazgo se resiente. Por lo tanto, debes ser consciente de que tu cabeza puede cometer errores, no solo en las decisiones que toma, sino en el modo en que toma esas decisiones. Cuanto más sepas sobre tus patrones de pensamiento, mejor equipado estarás para liderar bien.

Pensar 101

Como líder, es importante para ti que comprendas el proceso de pensamiento desde su base. La definición más sencilla de *pensamiento* es la actividad del pensar. En otras palabras: un pensamiento es una solución, una tormenta de ideas, una estrategia, una percepción o una observación. Puede versar sobre cualquier cosa, pero en el contexto del liderazgo, nos referimos generalmente a pensamientos sobre personas, oportunidades y problemas, que son las cosas en las que necesitas concentrarte.

Un modo útil de considerar los pensamientos es contrastarlos con reacciones. Cuando *reaccionas* ante una situación, no actúas con libertad e independencia, sino que es más una respuesta refleja. Tomas decisiones basándote en un abanico de factores internos que pueden oscilar desde el miedo, el impulso emocional y la pasión hasta las viejas costumbres o la opinión de otras personas. Mientras que las reacciones positivas pueden ser divertidas (un chiste rápido en una reunión que pueda rebajar la tensión), las negativas pueden ir en detrimento de tu liderazgo y perjudicar tu impacto. Opuestas a las reacciones, los *pensamientos* consideran alternativas, sopesan consecuencias, consideran costes y beneficios, y aplican criterios. Por supuesto que el pensamiento puede llevarse al extremo –la «parálisis del análisis»–, pero en líneas generales, aquellos que piensan concienzudamente tienden a tomar mejores decisiones y a tratar a la gente de un modo que hace que esas personas quieran seguirlos.

En una ocasión trabajé como consultor con el CEO de un servicio de organización, un hombre brillante en muchos aspectos. Tenía una memoria prodigiosa y era capaz de comprender tremendas complejidades financieras. Sin embargo, tendía a ofrecer siempre la misma respuesta ante problemas graves, y era la vieja solución de ingeniero: *si no funciona, usa el martillo. Si eso tampoco funciona, usa un martillo mayor.*

Para este CEO, los martillos eran siempre los mismos: recortar gasto y trabajar más. No es que esa receta sea mala, pero no solucionaba todos los problemas principales a los que se enfrentaba su empresa. Necesitaban ideas nuevas y diferentes. Necesitaban *pensamientos*. Pero sus ideas eran, básicamente, un patrón de reacciones que recogían lo que siempre le había funcionado en el pasado. Al final, la empresa y él se separaron porque no había sabido aportar nuevos pensamientos que le hubieran ayudado a él y a la compañía. Lo triste es que podría haber tenido esos nuevos pensamientos dado que poseía la capacidad, pero creo que no estaba demasiado interesado o no sentía suficiente curiosidad sobre su propio «pensamiento», es decir, sobre cómo llegaba mentalmente a sus propias conclusiones.

Debes proponerte mantener tu mente en forma. Hay un creciente número de estudios que indican que «la usamos o la perdemos» al ir envejeciendo, en particular con aspectos como la memoria, el vocabulario o las matemáticas. Aunque no sea posible retener todas tus capacidades mentales, sí que es posible mantener su agudeza durante el tiempo en que sigues ejercitando tu cerebro. Yo, por ejemplo, trato de jugar varias veces por semana con un juego electrónico diseñado para implementar el funcionamiento mental. Mis hijos me dan la lata diciéndome que por qué no me dedico a juegos más divertidos, pero es que para mí no es un juego. Quiero disponer de cuanta mente sea posible durante todo el tiempo que me sea posible.

Cinco prácticas de pensadores fructíferos

Hay varias dimensiones en el modo de pensar de los líderes de éxito que son importantes y hay que conocer, pero quiero centrarme en cinco. Si quieres desarrollar tu pensamiento, los siguientes ejercicios te servirán bien.

1. Conoce tu estilo cognitivo

Tu estilo cognitivo se refiere al modo en que procesas información del entorno. Está relacionado con cómo lees un artículo de un periódico, cómo escuchas lo que te dicen los demás y cómo sacas conclusiones basándote en la manera en que observas tu entorno de trabajo. Un aspecto clave del estilo cognitivo es el tipo de pensamiento que suelas tener: *lineal* o *no lineal*.

Los pensadores lineales son más lógicos y tienen un modo de pensar más ordenado, mientras que los no lineales acometen los problemas y las oportunidades desde diferentes ángulos. Los pensadores lineales suelen enfocar su trabajo paso a paso, mientras que los no lineales intentan ver si hay un modo nuevo de considerar una tarea. Su descripción es amplia. Quienes investigan sobre estas cuestiones no se ponen de acuerdo en cuanto a qué términos y descripciones utilizar, pero para la finalidad de este libro, estas distinciones describen la diferencia.

Tanto el estilo lineal como el no lineal tienden a tener estereotipos asociados. Directores y contables sueles ser considerados lineales. Sus tareas tienen que ver con números, finanzas, presupuestos, programas, cuotas y planificación. La gente de *marketing* y relaciones públicas tienden a ser no lineales, con nuevas ideas, promociones, análisis de la competencia, mantenimiento de la atención del consumidor, etcétera. Desde luego parece haber cierta base de realidad en estos estereotipos. Sin embargo, hay dos problemas que la gente suele encontrar a la hora de definir a alguien basándose en estos estereotipos de estilo cognitivo. En primer lugar, tienden a encasillar a los individuos solo en un estilo, y eso puede limitar el potencial. Sin duda tenemos un estilo cognitivo dominante desde el que tenemos que trabajar, pero la mayoría de nosotros no somos totalmente lo uno o lo otro. Podemos utilizar los dos.

Por ejemplo, conozco a una mujer que dirige un pequeño negocio en el sector de las comunicaciones, un sector en el que ha habido multitud de cambios a lo largo de los años, y ha tenido que ponerse muchos sombreros en su empresa por su tamaño. El negocio no era lo bastante grande para contratar personal a tiempo completo para cada clase de trabajo, así que tuvo que aprender a hacer parte del trabajo ella misma.

Su bagaje era el puesto de vicepresidenta que había desempeñado en el mundo corporativo, donde llevaba una división y estableció políticas que eran, en esencia, tareas lineales. Sin embargo, en su nuevo puesto se dio cuenta de que necesitaba a alguien que se ocupara de los textos de *marketing* y que presentara los nuevos productos de la compañía, es decir, un trabajo no lineal. Decidió que ella iba a ser esa persona, de modo que se sentó y comenzó a pensar como lo haría una persona del departamento de *marketing*. Escribió anuncios, descripciones de producto y correos promocionales. El mercado respondió, y las ventas crecieron, y ella se llevó la grata sorpresa de que aquel trabajo le gustaba. Seguía diciendo que básicamente era una persona lineal, pero no se había limitado a acometer tareas lineales. De hecho, ahora recibe clases de escritura creativa y escribe relatos cortos a modo de entretenimiento.

Esto ocurre también en la otra dirección. Un artista descubre que posee una veta para las finanzas. Un visionario es capaz de trabajar con otros en los pasos que requiere alcanzar esa visión. Un especialista en mercado puede diseñar estrategias paso a paso. La cuestión es que, aunque tengas un estilo cognitivo primario, no debes limitarte.

El segundo problema con los estereotipos basados en los estilos cognitivos es la tendencia a valorar el uno por encima del otro. Esto ocurre con frecuencia en los círculos empresariales y de líderes. A aquellos que piensan diferente, que pueden pensar en términos de complejidades y sistemas, se les atribuye una mayor contribución a la organización que aquellos otros de pensamiento lineal, a los que se acusa de estar limitados por una lógica A + B = C. Por otro lado, el pensador no lineal es criticado como irracional e irrealista, incluso presuntuoso, mientras que al pensador lineal se le alaba por atributos tales como la diligencia y la responsabilidad.

Sea como fuere, este enfoque encierra un peligro, y es que los estereotipos ignoran el modo en que funcionan las organizaciones y el liderazgo. Necesitas a personas que operen en los dos estilos cognitivos. En distintos momentos en la empresa, en la iglesia, la familia o el grupo, puedes necesitar confiar en un estilo o en el otro por alguna razón en concreto, pero ambos estilos cognitivos son necesarios a largo plazo. Las nuevas ideas necesitan una base sólida en la realidad y viceversa.

Es por ello que, en términos de tu propio estilo cognitivo, seguramente sabes en qué modo básico tiende a funcionar tu cabeza. El mejor modo de mantener en forma tu mente en ese sentido es seguir afinando tu estilo cognitivo dominante mientras aprecias y cultivas el otro.

Todo esto es importante para tu liderazgo porque necesitas dominar y desarrollar ambos estilos cognitivos para liderar a quienes están contigo. La gente necesita seguir a alguien que pueda ayudarles con una progresión lógica y al mismo tiempo con creatividad, y que sus propias situaciones y estilos se mezclen con el tuyo.

2. Piensa relacionalmente

Ser un pensador claro y productivo requiere la capacidad de modelar pensamientos e ideas en términos de relaciones. Tu mente no se desarrolla en el vacío, apartada de la gente, y es un error intentar divorciar tu pensamiento de la gente, de lo que significan para ti y de cómo les afectan tus pensamientos. Da igual cuál sea tu área de liderazgo: la gente forma parte de ella. Diriges personas, influyes en ellas, y les importas. Tu organización tiene que ver con un servicio prestado a personas, ya sea con un ordenador, un préstamo bancario, una casa, educación, cuidados médicos, productos alimenticios, crecimiento personal o un punto de venta minorista. Esto quiere decir que es necesario tener a los demás en mente cuando creamos oportunidades y solucionamos problemas.

Puedes hacerlo de dos modos: conectando tus pensamientos y considerando el impacto que van a tener. Echemos un vistazo a estos dos aspectos de pensar relacionalmente.

Conecta tus pensamientos. Conectar tus pensamientos simplemente significa aportar lo que estás pensando sobre los demás. Estamos diseñados básicamente para ser seres gregarios, y el sentido real y la finalidad se derivan de la relación. Por lo tanto, a las ideas, soluciones, dilemas, nuevas visiones y mejoras con las que te encuentres les irá mejor cuando hables sobre estos con los demás. Te relacionas con la gente y ellos se sienten atraídos por lo que estás pensando. Tu liderazgo les aporta energía y se sienten atraídos por él. Y tú, a cambio, sales enriquecido por sus contribuciones.

Esta es la razón por la que me encanta pasar tiempo con las personas que adoran su trabajo y piensan en lo que hacen, en particular si se trata de una industria de la que no sé nada de nada. Entro en un mundo, guiado por un experto que lleva muchos años de experiencia, un mundo que no solo es interesante para mí, sino que también es muy valioso en mi trabajo. No hace mucho, tuve una larga charla con un vecino que vende cohetes. Yo no tenía ni idea de qué se necesitaba. Me habló de cuestiones de diseño, de cómo se preparaba el *marketing* de las naves espaciales, el proceso de venta y negociación y cómo dirigía él a su equipo de ventas en un camino tan largo como el suyo, en el que una venta podía durar años. Más tarde, cuando reflexioné sobre lo que me había dicho, pude considerar mejor la perspectiva a largo plazo en mi propio trabajo y en mi propia empresa, aunque no podía compararse con la perspectiva que él tiene que darle a la suya.

Con todo esto no quiero decir que no deberías pensar sentado a la mesa de tu despacho, corriendo por el monte o en tu retiro favorito. Los pensamientos que acuden a nosotros cuando estamos solos pueden ser muy valiosos. Tanto si creas tus ideas estando solo como si lo haces en una reunión, asegúrate de que con regularidad haya alguien en alguna parte que sepa lo que estás pensando. No te haces ningún favor a ti mismo o a tu esposa cuando llegas a casa y ella te pregunta cómo te ha ido el día y tú respondes con un lacónico bien. Saca las ideas. Habla de ellas con tu esposa o con algún amigo íntimo. Si haces esto con regularidad, no solo pensarás mejor, sino que te conectarás más con la gente importante de tu vida.

Considera el impacto de tus pensamientos. La otra parte de pensar relacionalmente es considerar el impacto de tus pensamientos. Sea cual sea al grupo que líderes, ese impacto le importa a la gente porque la gente es lo que importa. Estás afectando al usuario final de tu producto. Les importa a esos usuarios finales. Ten a esos usuarios en mente todo el tiempo. Son personas con vidas difíciles y complejas, y quieres proporcionarles algo que se las mejora en algún sentido.

Aunque disfrutes con un pensamiento puro, necesitas considerar el impacto que vas a tener en la gente porque les importas. Un amigo mío tiene un enorme talento para las matemáticas. Podría ser profesor universitario, pero se dedica a los negocios y ha dirigido varias compañías boyantes capitalizando su talento para las matemáticas, en particular en su aplicación para el mundo financiero. Hace unos años, dejó un puesto muy bueno por otro que, aunque también era espléndido, no estaba al nivel estratosférico, intelectualmente hablando, en el que se hallaba el anterior. ¿Por qué cambió de trabajo? Pues porque quería tener un contacto más directo con el usuario final, más acceso a las personas y más experiencias sobre el terreno. Él considera que ambos trabajos tienen el mismo valor, y que no se trata de mejor o peor. Para él, es una cuestión de querer ver caras, ojos y manos usando un producto que él ha creado.

A esto me refiero cuando hablo de considerar el impacto de tus pensamientos. Tendrán un impacto, de un modo u otro, así que mantén tus pensamientos conectados con relaciones, y ten siempre presente el rostro de las personas. No hay mejor modo de lograr que tus pensamientos estén integrados con el resto de tu mundo interior que siendo un pensador relacional. Consideraremos tu mundo relacional en mayor profundidad en los capítulos 8 y 9.

3. Oriéntate a la realidad con un guiño a la esperanza

Otra faceta necesaria para alcanzar el éxito con nuestro pensamiento es la orientación a la realidad. Para ser un líder eficaz, has de pensar en lo que *está* ocurriendo, y no en lo que a ti *te gustaría* que ocurriese. La realidad se impone, y gana siempre. Hay que asumir las malas noticias junto con las buenas, aunque pueda dar una imagen negativa, pero es el único modo en el que lograrás hacer cambios sustanciales en ti mismo y en las personas con las que trabajas.

La iglesia a la que yo asisto se comprometió hace varios años a destinar una elevada cantidad de dinero para construir un edificio de su ministerio a los niños. Su razonamiento fue que, aunque había otras cosas tan merecedoras como aquella del dinero, la iglesia estaba emplazada en una comunidad floreciente con muchas familias jóvenes, y quería atraer a los padres gracias a los servicios que la iglesia ofreciera para los niños. Los líderes de esta iglesia están comprometidos también con obras en el extranjero y con combatir la pobreza local. Sus valores son muy elevados y están en conexión con esas necesidades, y no resultó nada fácil reorganizar su economía con el fin de poder destinar el dinero necesario para la construcción del edificio. Es decir, que no era una realidad que ellos hubieran deseado que fuese cierta, pero simplemente lo era y ellos lo vieron así.

Fueron muy criticados por esta decisión. La gente pensaba que el dinero no debería ir al ladrillo y el cemento, sino a servicios directos. Los líderes escucharon las quejas, pero al final siguieron adelante con su decisión porque estaban convencidos de que podrían llegar a más personas y del mejor modo posible ayudando a las familias. No era una realidad muy popular, pero era un hecho que ellos habían contrastado y en el que habían basado su decisión.

Hace poco, una familia con niños pequeños se mudó a nuestro barrio. Mi esposa y yo los invitamos a conocer la iglesia, y vinieron con nosotros. Mientras que los hijos mayores parecieron disfrutar de una experiencia positiva, fue la pequeña de diez años la que llamó su atención porque, cuando volvió del edificio en el que el ministerio se dedicaba a los niños, les dijo a sus padres que quería volver. Ten en cuenta que acababa de mudarse a una casa nueva que quedaba a cientos de kilómetros solo dos días antes. No conocía absolutamente a nadie allí, pero el calor y la calidad del programa capturó su corazoncito. Y ahora en la comunidad son muchos los que llevan a sus hijos por la misma razón.

Los líderes pensaron en términos de realidad, y en mi opinión, ganaron. Estudiaron lo que había, y no lo que ellos habrían querido que hubiese. En tu propio liderazgo, enfréntate primero a la realidad. Recibe primero las malas noticias: escucha con atención los problemas financieros, las dificultades personales y los dilemas de ventas. Los buenos líderes piensan primero en la realidad, y luego buscan soluciones y oportunidades.

Al mismo tiempo, creo que los pensamientos de un líder deben ir siempre hacia lo positivo. Nunca es completo el equilibrio entre noticias buenas y malas, así que pon rumbo a la esperanza. Eso es lo que el pensamiento de un líder aporta a quienes lo observan y dependen de él. La gente que está bajo tu mando necesita a alguien que pueda soportar el mal, contenerlo, entender su alcance y aun así proporcionar una esperanza realista si es que existe. Por supuesto, si es que ha llegado el momento de bajar el telón, esa es la realidad. Pero un buen líder aporta pensamientos que analizan todos los escenarios de los que se puede extraer algo bueno para la gente.

He pasado años copresentando un programa de radio titulado *New Life Live!*[1] al que la gente podía llamar para pedir consejo. He escuchado a miles de espectadores que llamaban para hablarnos de sus dificultades con relaciones, obstáculos emocionales, adicciones y cosas por el estilo, y te enfrentas a una buena dosis de realidad cuando escuchas los problemas personales de la gente. En muchas ocasiones recibía llamadas de personas que tenían problemas complejos y difíciles, problemas que desde luego no se podían resolver en unos minutos de conversación telefónica, de modo que les ofrecía perspectivas y análisis para el momento y luego sugerencias, pasos a dar y recursos para más adelante, cuando la llamada se hubiera terminado. Con las situaciones más desesperadas, siempre intentaba darle a esa persona algo con lo que pudiera quedarse, algo que fuera real, cierto y sustantivo, pero también algo que le ofreciera una opción que no hubiera considerado antes de llamar. No conozco el final de la mayoría de esas historias, pero sé que todos los que queremos guiar necesitamos ser conscientes de la responsabilidad de tener pensamientos que no solo estén enraizados en la realidad, sino que ofrezcan esperanza al final.

4. Disponte para considerar pensamientos opuestos

Otra faceta de los líderes que piensan bien es que son capaces de vivir en la tensión conceptual. Pueden escuchar y reflexionar acerca de ideas que son diametralmente opuestas. Tienen suficiente espacio en la cabeza para considerar y analizar las dos caras de una misma moneda mientras avanzan hasta la toma de una decisión.

No es tarea fácil. Como líderes, todos tenemos tendencia a pensar: *el Plan A es mejor que el plan B por estas razones, así que pongamos en marcha el A.* Teniendo en cuenta la presión y la rapidez del liderazgo de hoy en día, simplificamos las cosas hasta ese nivel y seguimos adelante, con lo que todo se reduce a esto: A gana y B pierde. Aunque en muchas ocasiones esa es la forma correcta de proceder, no siempre es así. Un líder reflexivo debe resistir el impulso de descartar de entrada una idea que es la antítesis de la idea que más le atrae. Si puede soportar la tensión un tiempo, podrá encontrar mejores soluciones.

Tengo un buen amigo que sirve de ejemplo en este caso. Es consultor para empresas que quieren acometer el siguiente nivel de crecimiento.

En un proyecto reciente, estaba entrevistando a los directores de varios departamentos, tal como suele hacer para hacerse una idea general de la naturaleza de la empresa. Lo que descubrió en este caso fue una gran división entre *marketing* y el departamento financiero. Esta tensión es muy típica, ya que *marketing* quiere contar siempre con un apoyo entusiasta a sus ideas y energía, mientras que el departamento financiero siempre quiere reducir gastos que no tengan garantía. Pero esta empresa estaba más dividida de lo normal. Los dos departamentos se habían trabado en la lucha, y su relación enfrentada era en realidad el problema que impedía a la empresa ascender al siguiente escalón.

Marketing estaba convencido de que la empresa iba de cabeza a perder cuota de mercado y al desastre final si no se comprometía en serio con una agresiva campaña publicitaria. Los de financiero no veían que eso pudiera funcionar porque no tenían el dinero necesario. La tensión era cada vez mayor. Las reuniones acababan a gritos y todo el mundo aclamaba al CEO para que se pusiera de un lado o de otro. Por su parte, el CEO se hallaba dividido y no sabía cuál era la elección correcta. Como líder de la compañía, no quería alejar a la mitad de equipo con su decisión, aunque sabía que esa iba a ser al final la única posibilidad.

Mi amigo el consultor trabajó con el CEO de la siguiente manera: «Es posible que tengas que tomar partido por una de las dos ideas, pero aún no es necesario que lo hagas. Parte de la premisa de que ambas ideas tienen mucho mérito, e intenta buscar un modo de ir en ambas direcciones».

En otras palabras: que el resultado no fuera de victoria y derrota. El CEO accedió a pensarlo un poco más. Y ese fue el comienzo del punto de inflexión de la empresa.

Con esa idea de reflexionar en dos ideas opuestas a la vez, el CEO por fin halló una solución. Para ponerla en marcha necesitaría invertir cierta cantidad de dinero, lo bastante grande para que *marketing*, a pesar de tener que hacer algunos recortes, pudiera organizar una campaña importante. Y la cantidad de dinero satisfaría a los de financiero ya que, al ser menor de lo inicialmente solicitado, no causaría tanto daño si no salía bien. El proyecto funcionó, y la compañía ascendió el peldaño deseado.

Con esto no quiero decir que vayas a tener que estar abierto a ideas absurdas. Algunas cosas simplemente no tienen sentido. Pero lo que sí significa es que al menos tienes que considerar dos perspectivas u opiniones que no estén de acuerdo, y no debes descartar una de las dos de inmediato. Dale a tu cabeza un poco de tiempo para ver si hay una respuesta ganador-ganador.

5. Adáptate a nuevas realidades y verdades

Relacionada con la capacidad de mantener la tensión de pensamientos opuestos está la capacidad de cambiar y adaptarse cuando los hechos así lo dictan. Los mejores líderes saben que la realidad siempre termina imponiéndose, de modo que no les preocupa tomar otro rumbo cuando surge nueva información. Tener un pensamiento claro significa poseer la capacidad de someter el pensamiento a cualquier realidad nueva.

Estaba trabajando en mi oficina y necesitaba utilizar una herramienta informática que me había dejado en casa. Llamé a uno de mis hijos adolescentes, sabiendo que estaba ocupado con actividades escolares, y le ofrecí diez dólares para que dejase de hacer lo que estuviera haciendo y me lo trajera. Puesto que se trataba de un viaje de ida y vuelta de treinta minutos, me pareció razonable. Él me dijo:

—Lo haré por quince.

No me importó su respuesta. No intenté hacer que se sintiera culpable, ni tampoco le dije: «Me lo debes porque soy tu padre», porque he hablado mucho con mis hijos sobre el dinero, el tiempo y la negociación. Solo le dije:

—Gracias, pero no, gracias.

Y colgué. Entonces llamé a su hermano y le dejé un mensaje de voz con la misma petición. Tenía un plan alternativo, ya que tengo dos hijos que conducen.

Un minuto después, el primero con el que había hablado volvió a llamarme y me dijo:

—Lo haré por diez dólares.

—Genial —contesté—. ¿Y ese cambio de opinión?

—Cuando colgué, le he preguntado a mamá si estabas intentando enseñarme una lección sobre negociaciones, y ella me ha contestado que no. Que ibas a llamar a mi hermano.

Mi esposa había entendido la situación perfectamente; mi hijo se había adaptado rápido a la nueva información y había hecho los cambios necesarios.

Lo líderes reflexivos necesitarán la capacidad de admitir sus equivocaciones y de cambiar de dirección cuando sea necesario. Aquellos que insistan en que la idea original es la única, se pondrán en peligro con frecuencia. Por otro lado, suscitas dudas en la gente con esa actitud, e inspiras confianza cuando te adaptas a las nuevas realidades.

Finalicemos esta sección con un consejo que suelo dar a muchos de los líderes con los que trabajo: *que desafiar tu lógica se vuelva un hábito para ti.* Es decir, cada vez que trabajes con un problema y llegues al momento de toma de decisiones, disecciona y analiza tu proceso de pensamiento para ver si sale indemne. No des por sentado que, por haber hecho diligentemente el planteamiento de la respuesta a un problema, tu lógica es infalible.

Digamos que acabas de diseñar una estrategia para abordar el crecimiento de una organización de la competencia. Has analizado lo que han hecho, cómo lo han hecho, y has propuesto ideas y tácticas que podrían ayudar a competir mejor, las has pensado concienzudamente y has escogido una.

Genial. Ahora vuelve a hacerlo y plantéaselas a un par de colaboradores sinceros para que te hagan las preguntas más difíciles en cuanto a cómo has llegado a esa conclusión. Si tu proceso de pensamiento ha sido claro y efectivo, saldrás vencedor. Si no, habrás evitado un error carísimo, o lo que el autor Dave Ramsey llama «impuesto a la estupidez».

Son demasiados los líderes que están cansados, o aburridos, o demasiado pagados de sí mismos para cuestionar su lógica, y el resultado no es bueno. Poner en tela de juicio tu lógica de toma de decisiones es una siembra saludable que te permitirá cosechar éxito en tu organización. Como la Biblia nos enseña en Gálatas 6.7: «Todo lo que el hombre sembrare, eso también segará». Este principio no te fallará nunca.

Capítulo 5

TU CABEZA TIENE TRIPAS

Volvamos a una frase de la valoración que hay al principio de este libro: *he ignorado lo que me decía mi intuición a la hora de tomar decisiones y más tarde me he dado cuenta de que ha sido un error.* He hablado en profundidad sobre este trance con muchos líderes a lo largo de los años, y casi todos han admitido haber pasado por esta misma experiencia. Y seguramente, tú también. Suele ocurrir algo así: entrevistas a una persona para un puesto. Sobre el papel, parece un candidato estupendo. El currículum y las recomendaciones están bien. Pasa bien la entrevista y parece encajar en lo que buscas, pero tienes una sensación extraña, como si algo no estuviera bien en esa persona. No puedes identificar de qué se trata, pero hay una respuesta negativa. Sin embargo, dado que no hay razón racional que apoye esa sensación, sigues adelante con la contratación.

Y entonces, unos meses después, averiguas qué era esa extrañeza, esa respuesta negativa que experimentaste. Podría ser que esa persona tiene una dudosa ética del trabajo. O que su personalidad no encaja con las personas clave de tu organización. A veces es cuestión del carácter, o se trata de un problema moral, y sientes que las tripas se te retuercen y te regañan. Tus tripas te están diciendo: *te lo dije. ¿Por qué no me escuchaste?*

Esta sensación, a menudo llamada *intuición*, es muy conocida en el liderazgo. Sin embargo, se muestra virtualmente en todos los aspectos de la vida, desde la compra de una casa, la decisión de invitar a salir a alguien o no, o de discernir si tu hija miente o no sobre dónde ha estado. Pero su existencia suscita un problema: ¿cómo reconcilia un líder estas dos clases de información, externa e interna? ¿Qué hacer con una sensación o una respuesta que no se basa en hechos? ¿Cómo utilizar mejor las fuentes interiores de tu vida para ser un buen líder? Para empezar, creo que nos ayudará comprender cómo funciona la intuición desde el punto de vista neurológico.

La intuición y tu cerebro

Como ya hablamos en el capítulo uno, la experiencia de la intuición consiste en extraer una conclusión acerca de una persona o de una situación sin base que refute dicha conclusión.[1] Una respuesta intuitiva suele formularse de un modo inmediato, rápido y directo: *Para. Sigue. No. Sí. Hazlo. No lo hagas.* Pero ahora vas a ver que yo creo que no se trata de un juicio instintivo y rápido. Puede que sea veloz, pero hay mucho más aparte de la velocidad que te empuja hacia esa decisión intuitiva.

Hay muchas teorías que responden a la pregunta de qué es la intuición: una reacción emocional, la convicción de que existe una determinada realidad que mana de una fuente aún por descubrir, una experiencia mística, la voz de Dios. Sin embargo, un buen número de investigaciones indican en la actualidad que, en lugar de tratarse de un proceso místico e imposible de conocer, la intuición puede ser una combinación de dos elementos relacionados con cómo pensamos y con cómo asimilamos la información. El primer caso tiene que ver con los aspectos lógicos y analíticos de la mente. Es la parte de tu cerebro que es lineal y cuantitativa en naturaleza. Esta parte parece tener la capacidad de pensar extremadamente rápido y extraer conclusiones de modo casi instantáneo. Es como si, en lenguaje computacional, la velocidad del procesador fuese casi incalculable. Este aspecto de la intuición es lógico y, al mismo tiempo, rapidísimo. Por ejemplo, un radiólogo puede ver una radiografía y casi de inmediato concluir qué le pasa a la espina dorsal de una persona. Ese radiólogo ha visto miles y miles de radiografías, de manera que su mente realiza el trabajo con celeridad porque pisa en terreno conocido. Pero si este mismo radiólogo estuviese leyendo un informe sobre cotizaciones de bolsa sin tener demasiada experiencia en ello, deliberaría durante horas sobre qué decisión tomar. Este es el modo en que la parte izquierda del cerebro procesa el trabajo.

Al mismo tiempo, la intuición también trabaja desde los aspectos creativos y más espontáneos de la mente. Esta es la corazonada para la que no puedes encontrar una razón lógica, basada en información o en datos razonables. Simplemente *lo sabes*, y sabes que sabes que lo sabes. Es la clásica corazonada sin pruebas que la sustenten. Este aspecto de la intuición parece ser simplemente otro modo de llegar a conclusiones, un camino que no sigue un trazado lineal. El camino es más emocional y vivencial.

Una pareja casada que conozco es un buen ejemplo de ambos aspectos de la intuición: el analítico y el creativo. Como ocurre con muchas parejas, él es más racional mientras que ella tiende a ser más intuitiva. Trabajan juntos liderando la misma organización. Él me dice que no quiere entrevistar a nadie para un puesto o escuchar alguna propuesta sin que ella tome parte en el proceso. En muchas ocasiones ella ha dicho: «nos va a dar problemas», o «no dejes que se te escape», y su índice de aciertos ha sido muy alto. Seguramente no podrá articular las razones, pero ha tenido una sensación muy fuerte que la empujaba hacia el sí o hacia el no. El esposo, presente en la misma entrevista, no habría visto nada de todo cuanto ella había experimentado, pero había aprendido a confiar en su «saber sin saber».

La intuición suele mostrarse más en áreas en las que se es competente y experimentado. Es decir, cuando conoces bien el tema, tu mente tiene muchas experiencias, recuerdos, patrones y conclusiones de los que beber, y esta base de datos de experiencias alimenta la precisión de la corazonada.

Tanto si se origina desde los aspectos más racionales o más creativos de la mente, la intuición es una especie de proceso de pensamiento, y un pensamiento puede estar equivocado. Puedes tener en consideración hechos equivocados, o puedes extraer conclusiones equivocadas de hechos correctos.

Por ejemplo, en un proyecto de consultoría en el que he trabajado recientemente, llegué a la difícil conclusión de que un empleado que llevaba treinta años en la empresa era el eje sobre el que giraban muchos de los problemas que estaba padeciendo la compañía. No sabía escuchar y tampoco era hombre de equipo. Tenía su propio modo de hacer las cosas y que el cielo te ayudara si llegaba a enfadarse contigo. Por desgracia este comportamiento tóxico a lo largo de los años había llegado a dañar la cultura corporativa: nadie quería trabajar con él, y cuando lo hacían, las cosas no iban bien.

Para rematar el clavo, este empleado y el CEO habían sido muy buenos amigos desde la infancia, y el CEO tenía muy arraigados unos sentimientos de lealtad y apego hacia él, de modo que cuando le expuse mis observaciones y dejé claro que seguramente el trabajador en cuestión tendría que marcharse, el CEO ni siquiera me dejó terminar de exponer mis pensamientos. Negó con la cabeza y me cortó, diciendo:

—No voy a escuchar el resto de lo que tengas que decirme. Esto no es una opción. Esa persona es un activo muy valorado.

Yo insistí un poco, pero el CEO clavó los pies en el suelo y no hubo modo. Aparentemente parecía muy confiado y seguro de que su juicio era el correcto. Yo no sabía qué pensaba por dentro, pero la pena fue que la compañía tuvo que seguir perdiendo económicamente y en términos de moral de sus trabajadores antes de que cambiase de opinión. Era una situación que encajaba a la perfección con el viejo dicho: «Siempre confiado y a menudo, errado». El hecho de que *sintamos* que una respuesta intuitiva es el movimiento adecuado, no es garantía de que lo sea en realidad.

Cuando trabajo con líderes que creen que lo mejor es siempre obedecer a su intuición, revisamos sus decisiones anteriores y, tarde o temprano, encontramos algún caso en el que la intuición los condujo por un camino que no era el mejor. En este grupo incluyo a aquellos que, como en los ejemplos que acabo de citar, tienen un índice de aciertos muy elevado.

La mejor manera en que un líder puede utilizar su inteligencia para pensar en lo que es mejor para su organización es recordando que *la realidad es la que lleva las riendas*. No hay divisiones. No hay realidades interiores o exteriores que puedan acabar siendo opuestas. Ambas fuentes de verdad deben someterse a lo que es verdaderamente cierto de modo que, en una situación ideal, tu intuición debe estar de acuerdo con tu pensamiento consciente.

Cuando no señalan lo mismo, suele ocurrir que algo se ha pasado por alto. Volvamos de nuevo a la situación anterior en la que ibas a contratar a una persona con la que no terminabas de sentirte cómodo. Lo más probable es que no tuvieses suficiente información sobre esa persona en aquel momento porque, si hubieras ahondado en las recomendaciones que aportaba, o si hubieras observado al candidato sometido durante un tiempo a una situación estresante, seguramente la falta —en el candidato o en tu intuición— habría terminado emergiendo. Entonces tu intuición y la información objetiva habrían terminado trabajando de la mano. Por eso tantas empresas firman contratos con un periodo de prueba: para que el tiempo pueda revelar la verdad sin producir muchos daños en caso de que las cosas no funcionen. Quizás conozcas los versículos de la Biblia que dicen en 1 Timoteo 5.22: «No impongas con ligereza las manos a ninguno». En otras palabras: no te precipites para poner a alguien en una posición de liderazgo. Resulta significativo que este mismo principio se aplique al proceso de contratación de personal. Por otro lado, también es posible que te sintieras estupendamente con una persona que después resultó ser un problema. En este caso, podría haber varias razones que explicasen el fallo de tu intuición. Quizás buscabas con tanto ahínco las capacidades que presentaba esa persona que no prestaste atención a las señales de advertencia. O tiendes a ser abiertamente optimista y pasas por alto las faltas de los demás. O quizás te gustó el candidato como persona, pero no estudiaste sus habilidades lo suficientemente a fondo.

La verdadera clave aquí reside en pensar, observar y aprender de la experiencia. Si la intuición es una forma de pensamiento, entonces cualquier cosa que refuerce tu pensamiento convencional también afinará tu intuición. Cuanta más experiencia tengas, más capaz serás de distinguir patrones en la gente, y cuanto más aprendas de tus observaciones, mejor combustible tendrás para hacer crecer tus habilidades intuitivas. Así es como la intuición crece y se desarrolla. No la pongas en un pedestal, pero tampoco la ignores porque una intuición bien entrenada es un buen servidor y un mal amo.

Presta atención a tus pensamientos

¿Cómo puedes llegar a ser una persona sabia, de mente despejada y buen criterio, alguien que piense en lugar de reaccionar y que utilice de manera habitual información tanto externa como interna? Puedes empezar haciéndote observador de tu forma de pensar. Como ya he dicho, es posible que suene raro que haya que pensar sobre cómo piensas, pero es importante y útil. Puedes empezar a prestar atención a tu pensamiento observando de modo rutinario tus pensamientos, y reconociendo cualquier distorsión cognitiva.

Observa tus pensamientos, sin intentar controlarlos

La vida es caótica, y a veces demasiada información puede causar confusión en una organización. Como resultado, los líderes soportan una gran presión para pensar enfocados y orientados. Es una tarea importante.[2] Sin embargo, a veces los líderes interpretan la necesidad de claridad con la necesidad de controlar sus pensamientos y mantenerlos siempre orientados y precisos, lo cual es un problema. Necesitan proporcionar claridad a sus organizaciones, pero también han de observar adónde pueden conducirles sus pensamientos y qué significan. Observando tus pensamientos pueden inferirse cosas de mucho valor.

Pensemos, por ejemplo, en una persona de tu organización con quien, cada vez que hablas más de dos minutos, tus pensamientos empiezan a vagar. Puede ser como esas escenas de las películas en las que un estudiante de instituto aburrido empieza a soñar despierto mientras su profesora sigue explicando, y luego se sobresalta cuando descubre que la tiene al lado y que le ha preguntado: «¿Entiendes mi pregunta?».

Cuando estás hablando con esta persona en el trabajo, descubres que tú, en realidad, estás pensando en golf, comida o en la cita que tienes esa noche, y como resultado te pierdes lo que esa otra persona te está diciendo, y tienes que engancharte en el punto en que esté su conversación intentando que no se dé cuenta.

Puede que estés cansado. Puede que el tema no te interese. Pero también puede ser que haya otras razones por las que estés perdiéndote en esos pensamientos y, si comprendes esas razones, quizás te señalen algo valioso para tu liderazgo. Por ejemplo:

- Se extiende en detalles que a nadie le interesan, y necesita que alguien le explique cómo ser más sucinto.
- Habla de un modo egocéntrico únicamente sobre lo que percibe él, y necesita que alguien le ayude a considerar también los puntos de vista y las experiencias de los demás.
- Estás molesto con esa persona por algo, y por eso te separas de ella utilizando la imaginación. Puede que necesites rectificar eso.
- Te trae noticias negativas que tú no quieres escuchar. Puede que tengas que escucharlas de todos modos.
- No puedes cerrar del todo lo que estabas haciendo para escucharle. Puede que necesites centrarte en él y volver a lo que estabas haciendo después de la conversación.

¿Te das cuenta de todo el potencial que estas observaciones tienen para añadir valor a tu liderazgo? Puedes ir más allá del síntoma e identificar la raíz para tratarla de manera eficaz. Esta es una manera mucho mejor de usar tu tiempo y tu energía que la de no cuestionar tu experiencia porque, con demasiada frecuencia, con el paso del tiempo el problema solo va a empeorar.

La cuestión es que necesitas prestar atención no solo a *lo que piensas*, sino a *cómo* lo piensas. Este proceso te dará sus frutos a largo plazo.

Reconociendo las distorsiones cognitivas

Como parte de la observación de tus pensamientos, también necesitas ser consciente de cómo tus pensamientos pueden verse distorsionados o confundidos. Los psicólogos se refieren a estas disfunciones como *distorsiones cognitivas* o patrones de pensamiento que no se basan en la realidad y que, por lo tanto, afectan tu productividad.[3] Hay varias distorsiones que pueden obstaculizar el pensamiento del líder. A medida que vayas leyendo la lista que viene a continuación, mira a ver si reconoces alguno de estos patrones en tu propio proceso de pensamiento y toma de decisiones.

- *Indefensión*: la sensación de «lo he intentado todo y nada funciona». Como si no te quedaran opciones.
- *Pasividad*: un patrón en el que tienes miedo o dudas a la hora de tomar la iniciativa, de modo que esperas a que alguien o alguna circunstancia te proporcione la solución.
- *Negatividad*: un patrón muy conocido por cualquier líder en el que hay un desequilibrio del negativo sobre el positivo. A menudo se justifica aduciendo que es «realista», pero suele provocarse por el miedo al fracaso, no por reflejo de la realidad.
- *Justificación autoprotectora*: un escenario en el que eres incapaz de reconocer tu propia contribución a un problema, o de considerar la aportación de otra persona como superior, de modo que justificas tu posición hasta el punto de considerarla inútil.
- *Solución única*: la idea de que solo hay una posible solución a una situación. Esta clase de pensamiento es muy limitada y suele originarse por ansiedad o por una vena perfeccionista. Por ejemplo, «necesitamos más clientes en el centro médico, así que hagamos más publicidad». Quién sabe. Puede que la oferta sobrepase la demanda de la comunidad, o que haya que tener precios más competitivos, o que haya que mejorar la relación personal con los clientes. A veces solo hay una respuesta, pero en la mayoría de las ocasiones hay varias. El mejor modo de pensar es el de contemplar varios escenarios y estudiarlos, bien mentalmente, bien con otros.
- *No soy quien soy*: intentas ser alguien que no eres proyectando una versión idealizada y falsa de ti mismo. Lo haces bien para complacer a otros con esa imagen, bien para no ver tus propias faltas. Al final es una forma muy restrictiva de vivir y de liderar.

Todos tenemos en nosotros mismos algunos de estos patrones, en un grado mayor o menor. Identifica los que pueden atribuírsete y luego contrasta la información con un par de personas de confianza y sinceras que conozcas bien. Si el patrón existe, comprométete durante un periodo de treinta días a revisar las decisiones que tomes a diario. Estudia cada decisión y trata de encontrar pruebas de los patrones de distorsión cognitiva que hayas identificado. Bastará con que seas consciente de poseer esos patrones para que ya hayas recorrido buena parte del camino que te llevará a corregir el problema. Una vez que seas más consciente, pide a un par de personas sensatas que te den su opinión sobre esos patrones incorrectos. Contar, como modelo, con otras formas saludables de pensamiento te ayudará a continuar evolucionando en esa dirección.

Liderazgo y creatividad

¿Qué habrías dado por poder ser una mosca en la pared en aquellos momentos grandiosos de liderazgo, en particular en los que una idea creativa cambió todo el paradigma? Pongamos algunos ejemplos:

- Henry Ford obtiene el primer coche fabricado en cadena.
- Fred Smith empieza a operar con Federal Express, un modo más rápido y confiable de hacer envíos.
- Bill Gates funda Microsoft con diecinueve años.
- A Pierre Omidyar se le ocurre un nuevo concepto de negocio que acaba siendo eBay.
- Elon Musk funda Tesla, y se especializa en coches eléctricos de gran autonomía.
- Jack Dorsey, Noah Glass, Biz Stone y Evan William. Se les ocurre un modo de que sea posible enviar «pequeñas dosis de información banal» vía SMS. Lo llaman Twitter.
- Reed Hastings, CEO de Netflix, invierte en *streaming* (transmisión) de vídeo, sabiendo que destruirá el formato DVD, pero consciente de que es el paso necesario para el éxito a largo plazo.

A lo largo de la historia, los líderes siempre han sido asociados con la innovación y la creatividad. Los líderes creativos son valorados y sus contribuciones marcan la diferencia. Tus pensamientos tienen el potencial de generar ideas creativas que pueden cambiar y mejorar tu organización, tu departamento, tu iglesia, grupo o familia. Piensa en la última vez que alguien de tu organización se te acercó y te dijo: «Tenemos un problema con X. ¿Qué hacemos?».

Como la mayoría de los líderes, seguramente sentiste la presión de que ahora X ha pasado a ser tu problema. Porque tú eres el líder. Tú debes encontrar la solución que nadie más tiene. La pelota está en tu tejado. Eso es presión de verdad. Pero tu creatividad es capaz de encontrar la solución cueste lo que cueste, un nuevo enfoque o una nueva idea que pueda hacer avanzar a tu grupo.

La creatividad es uno de esos atributos que tiende a ser incomprendido, de modo que es importante definirla, en particular en el contexto del liderazgo. La creatividad es, expuesto de una manera sencilla, la capacidad de reorganizar componentes existentes en una nueva unidad. Es decir que tomas lo que ves, lo organizas de otro modo y hallas una nueva idea, una nueva solución, un nuevo servicio, una nueva estructura o un nuevo producto. Ford, Smith, Gates, Omidyar y el resto vieron una necesidad y una oportunidad de negocio. El negocio era el contexto que estaban observando y sobre el que pensaban. A veces parece que la creatividad significa sacar algo de la nada. Imagina, por ejemplo, a un artista en una habitación sin ventanas que pinta un magnífico paisaje de memoria. Sin embargo, ese artista tiene recuerdos y experiencias de las que alimentarse. Y eso es lo que hace la creatividad tan accesible: todos tenemos la materia prima para la creatividad flotando en nuestras vidas.

Antes la creatividad era considerada una capacidad de aquellos que tenían un don especial. O eras creativo, o no lo eras. A pesar de que es cierto que existen individuos con una elevada dosis innata de creatividad, ahora sabemos que todo el mundo es creativo hasta cierto punto y, en el mundo actual, que cambia con tanta rapidez, es una habilidad extra que todo líder debe desarrollar.

En cuanto a creatividad se refiere, el reto al que los líderes a veces han de enfrentarse tiene menos que ver con el valor de la creatividad en sí misma que con los varios mitos que la rodean. Quizás puedas relacionar algunos de esos mitos sobre la creatividad con tu propio contexto de liderazgo.

MITO: la creatividad se desarrolla mejor en soledad
REALIDAD: la creatividad se desarrolla bien en colaboración

La creatividad prospera cuando estás conectado. Las mejores propuestas emanan de personas que lanzan ideas en un entorno colaborativo y de equipo. Desarrollada originalmente en 1994, la plataforma de juegos PlayStation fue desarrollada por un equipo de más de cien personas.[4] Más de veinte años después, este producto sigue haciéndose cada vez más fuerte y continúa recibiendo soporte y siendo desarrollado por un numeroso equipo.

La soledad desde luego tiene su papel en el proceso creativo, dado que necesitas disponer de tiempo alejado de las distracciones para pensar de un modo productivo, pero cuando más relacional seas, mejor información podrás utilizar de los otros, y los demás podrán hacer una mejor evaluación y elaborar una mejor respuesta a tus propios pensamientos.

MITO: la creatividad requiere una página en blanco
REALIDAD: la creatividad requiere del contexto de tu liderazgo

La creatividad no suele salir del vacío, sino que se genera gracias a la oportunidad y la necesidad. Hay un entorno, un contexto, un escenario para el proceso creativo. Un líder creativo aprende a considerar su situación y a preguntar cómo se puede hacer mejor.

Hace unos cuantos años, mi amigo y socio Henry Cloud nos invitó a otro psicólogo llamado David Stop y a mí a asociarnos con él y con los psiquiatras Frank Minirth y Paul Meier en una empresa especializada en tratamiento médico y psicológico que ofrecería cuidados en régimen de hospitalización y domiciliario. Parte del programa interno incluía formación, y en esa formación se enseñarían principios de crecimiento emocional y relacional, y sanación. Algunos de los problemas que se tratarían serían depresión, ansiedad, adicciones, intimidad, confianza, relaciones y vida espiritual.

También queríamos poner a disposición de los pacientes externos que no estuvieran en un entorno hospitalario, pero que quisieran mejorar, crecer o sanar en algún área de sus vidas, los avances que fuéramos haciendo en el programa hospitalario. Pensamos que la información y el enfoque podrían ayudar a la gente, fuera cual fuese la clase de vida que tuvieran, de modo que empezamos a pensar en el modo en que debíamos comunicar la información. Sabíamos que en el sur de California, que es donde estamos, los seminarios públicos son comunes en toda clase de áreas: finanzas, salud y bienestar, cocina, relaciones y crecimiento personal, de modo que alquilamos el salón de baile de un hotel y comenzamos a hablar todos los lunes por la noche sobre algún tema relacionado con el crecimiento personal. Uno de nosotros daría una charla durante una hora sobre un tema concreto y después respondería las preguntas de la audiencia durante media hora más. Lo llamamos Monday Night Solutions (Soluciones de lunes por la noche).

Tuvimos la impresión de que las charlas satisfacían una necesidad de la gente, dado el éxito de audiencia, y decidimos seguir con ellas después de un periodo de prueba. Al final resultó que dimos esas charlas durante dieciocho años, en directo, prácticamente todas las semanas del año. Después grabamos Monday Night Solutions en un estudio y nos asociamos con una empresa de comunicación para distribuirlas vía satélite y por suscripción a un número elevado de iglesias en Norteamérica.[5]

A veces me preguntan cómo se nos ocurrió una idea tan creativa como dar una charla semanal en directo, y mi respuesta es que, simplemente, *reorganizamos unos componentes que ya existían para formar algo nuevo*.

Charlas a cargo de un experto llevaban mucho tiempo impartiéndose. La necesidad estaba ahí, y la idea surgió. La lección de creatividad que hay en todo esto es que, para mí, no se trata de encontrar una idea creativa salida de ninguna parte, sino en centrarse en el contexto del liderazgo, es decir, ver qué hay primero y, después, ver si se puede mejorar.

Empezar por tu propio contexto te funcionará tanto en la vida privada como en tu liderazgo. A continuación, te propongo algunas preguntas que te ayuden a pensar con más creatividad sobre cómo mejorar tu propia situación. Puedes reflexionar sobre ellas tú solo, o puedes hablarlo con algunos de tus socios.

- ¿A qué desafío se está enfrentando mi organización en este momento cuya respuesta no sea simplemente trabajar más?
- Si tuviera infinitos recursos a mi disposición, ¿cómo solucionaría ese desafío? ¿Hay algún modo de solucionarlo de manera parecida con los recursos que tengo?
- Si este desafío es meramente un síntoma, ¿cuál es la necesidad más honda o la dificultad que late en mi organización y que este desafío me señala? ¿Hay algún modo de satisfacer esa necesidad?
- ¿Qué organizaciones fuera de mi industria o contexto están solucionando desafíos similares al mío de un modo poco ortodoxo o creativo?

Te sorprenderá cómo empezar con una necesidad o un desafío similar puede generar ideas nuevas.

MITO: la creatividad es un café-para-todos caótico
REALIDAD: la creatividad es proestructura

Hay un mito que señala que el proceso creativo solo puede desencadenarse cuando nos alejamos de todo orden, disciplina y parámetro. La gente que lo cree así dice que la creatividad debe ser tan libre como sea posible para expresarse. Esta clase de aseveraciones no son ciertas, y a menudo desaniman a los líderes para invertir en el proceso. Los líderes conocen el valor de la estructura en las organizaciones, y no van a abolir todo eso con la esperanza de que surja la creatividad.

La realidad es que la creatividad no solo florece con una estructura, sino que a menudo *requiere* cierto tipo de límite. Parte de esa estructura incluye límites de tiempo, recursos humanos y económicos. No nos hacemos ningún favor si tardamos diez años en encontrar una buena idea de negocio, y por mi experiencia sé que lo más probable es que esa idea aparezca ¡al final del noveno año! Como dice el dicho, el trabajo se expandirá hasta llenar el tiempo que le destinemos.

El cerebro humano funciona simplemente respondiendo ante los límites. Le gusta tener *algo* de información y tiempo, pero se fatiga y se desborda si esa información y ese tiempo son *infinitos*. Lo que de verdad le gusta es tomar una buena decisión, sentirse a gusto con ella, ¡y pasar a lo siguiente!, de modo que los límites son útiles, no un obstáculo.

Un buen amigo mío, Greg Brenneman, que era CEO de Continental Airlines, Burger King y Quiznos, tenía una costumbre estupenda. Cuando necesitaba que alguien crease una presentación para un equipo, requería que toda la información estuviera siempre en una única página. Me dijo que el destinatario se cansa y se distrae si la información es demasiada, y que no es necesario que tomen la decisión adecuada en el primer escalón.

De modo que no dudes en añadir estructura y límites a tu repertorio creativo o tus procesos. En líneas generales, la estructura anima en lugar de limitar la creatividad.

MITO: la creatividad nace de la miseria y la desdicha
REALIDAD: la creatividad es prosalud

La película *Amadeus* retrata con suma viveza la descontrolada vida de Mozart. La maestría de van Gogh se asocia con frecuencia a su locura. Pero el mito del «artista torturado» no se sostiene en la realidad. La creatividad se refuerza con la salud emocional y personal, lo mismo que los procesos de crecimiento en general. Florece en un entorno pleno.

Imagina que tu mente tiene una cantidad de espacio determinado en su interior, como si fuese la RAM de un ordenador. La memoria RAM se usa para el proceso de «pensamiento» de un ordenador. Cuanta más RAM, mejor y más rápido opera la máquina. Sin embargo, cuando hay demasiadas aplicaciones abiertas, queda menos sitio «operativo», y el ordenador puede volverse lento o inoperante. De modo general, cuanto más despejadas estén tu vida y tu mente, más espacio tendrá la creatividad para operar y crecer en tu liderazgo.

Un amigo mío de la infancia, el doctor Larry Bell, es un compositor consumado. Graduado en la Escuela Juilliard de Nueva York, es catedrático de Teoría Musical en el conservatorio de Nueva Inglaterra y profesor adjunto de Composición en Berklee. Vi a Larry en una reunión de antiguos alumnos y durante nuestra charla le pregunté sobre la teoría del «artista torturado». Me contestó: «En mi experiencia, no es cierta. Cuando he atravesado momentos muy infelices en mi vida, no he compuesto bien. Y cuando mi vida y mis relaciones me llenaban, he hecho mi mejor trabajo».

La vida de Larry y su productividad son prueba de que la creatividad es prosalud. Como la conocida psicoanalista, la doctora Karen Horney ha dicho: «Un artista puede crear, no gracias a sus neurosis, sino a pesar de ellas».[6] A mí me gusta preguntarles a quienes sostienen la idea del artista torturado, qué habría ocurrido si Mozart y van Gogh hubieran tenido una vida buena. ¿Qué clase de trabajo habrían hecho? Y de ese modo, igual pasa contigo. La salud y el crecimiento son buenos para ti y para tu desarrollo creativo.

MITO: la creatividad simplemente «ocurre»
REALIDAD: la creatividad requiere intencionalidad

Hay una idea sobre cómo ocurre la creatividad que es la siguiente: *Iba caminando por la calle y, de pronto, el modelo para la siguiente app de más éxito se me ocurrió, y bueno, el resto es historia.* Nos gusta esta idea porque hace que la creatividad nos parezca excitante y espontánea. Y algo así me ha pasado alguna vez, pero la norma en mi caso, y en el de todas las personas creativas de éxito que conozco, es que esa clase de experiencias son la excepción.

La creatividad, en particular para el líder, requiere trabajo y disciplina. Debes dedicarle tiempo, espacio y energía, tanto para desarrollarla como para utilizarla. Te recomiendo que leas sobre ella, que aprendas de los expertos y que asimiles el proceso. Hay muchas experiencias estructuradas y ejercicios diseñados por expertos en creatividad para ayudarte a analizar los asuntos desde diferentes ángulos y a desarrollar los músculos de la creatividad.

Un cliente mío que es dueño de una empresa de gran éxito en la industria agroalimentaria resulta el ejemplo perfecto en este sentido. Comenzó reparando en que los hortelanos y ganaderos suelen cederle

todo el poder sobre sus negocios a los distribuidores (aquellos que emba-
lan y revenden su producto a las tiendas), principalmente porque los distribuidores tienen buenos sistemas e infraestructuras que hacen fácil ese
proceso. Mi cliente se tomó un tiempo conmigo solo para analizar su
convencimiento de que, a la postre, el productor (el hortelano y el ganadero) tenía más valor intrínseco que los distribuidores. Como resultado,
desarrolló una estrategia negociadora para que el productor pudiese tratar
con sus distribuidores de un modo que no se había hecho hasta entonces
y, después de unos meses, tenía significativamente más control sobre ese
sector de su negocio del que nunca antes había tenido, y más también que
otros productores. Pero todo empezó cuando decidió dedicarle tiempo a
pensar en la situación desde una perspectiva nueva y creativa.

Utiliza la creatividad deliberadamente. A tus relaciones laborales,
diles que necesitas pensar las cosas de un modo creativo. Concierta reuniones dedicadas a encontrar nuevas estrategias que puedan sacar partido
a una oportunidad, o solucionar un problema espinoso. No cometas el
error de quedarte esperando a que llegue la inspiración. Puede llegar y lo
hace, desde luego. Todos hemos tenido una experiencia que nos ha hecho
exclamar *¡ajá!*, pero eso suele ocurrir solo cuando deliberadamente te has
puesto a pensar con creatividad.

Utiliza tu instinto para pensar como un líder

Como líder, es tu obligación pensar de un modo diferente. Es decir, que
no solo debes aplicar tu pensamiento a las tareas tradicionales y esperadas
de un líder, sino que debes emplear tu intuición para tener «pensamientos de líder». Lo que quiero decir es que el trabajo de un líder no es solo
conectar con las personas, inspirarlas para que den lo mejor de sí mismas
y pensar estratégicamente sobre cuál es el camino al éxito, sino que también tienes que pensar de un modo que demuestre que te has ganado la
medalla de líder. Estás en el mundo de las ideas, y llevas la medalla porque esperan de ti que tengas ideas que otros no tienen.

Uno de los mayores regalos que Dios te ha hecho es tu mente, tu
capacidad de pensar. Asume la responsabilidad de todo su complejo
potencial. En otras palabras, asume algunos riesgos y confía en tu instinto. Pregúntate con frecuencia ¿por qué estoy pensando lo que estoy
pensando en esta situación y en este momento? Sumérgete en el proceso

creativo y analiza las cosas desde un ángulo distinto, y toma las decisiones de liderazgo basándote en ese punto de vista.

Durante las campañas electorales, vemos que se hace un gran hincapié sobre cuál de los candidatos tiene las mejores ideas. Por supuesto la personalidad del candidato, su cercanía y su madurez juegan un papel muy importante, pero cuando se trata de votar a los líderes de la política nacional, la gente quiere ver quién tiene las mejores ideas sobre cosas como la economía, la defensa nacional, los impuestos, la salud y muchas otras áreas. Cuando un candidato presenta una solución inédita, llega a los titulares.

Esto no quiere decir que tú, en tu contexto, tengas que tener todas las mejores ideas, pero sí que necesitas crear el entorno adecuado para que las mejores ideas puedan surgir. A veces para eso es necesario incorporar a alguien que las tenga. Reclutar a un experto es una buena idea en sí misma, y también es lo que hacen los buenos líderes.

Tienes que mantenerte siempre por delante de la manada. Necesitas pensar más allá que aquellos a los que diriges para que puedas ir un paso por delante de lo que está ocurriendo ahora. Tus pensamientos, tus pensamientos de líder, pueden trasladar tu organización o tu grupo a un lugar de crecimiento y de grandes resultados porque te has tomado el tiempo de pensar como un líder.

Quizás el mejor modo de resumir todos estos principios y habilidades sobre la forma de pensar sea este: *empieza a experimentar con tus pensamientos en una arena nueva y diferente.* Puede que seas el líder más lógico y racional que exista, pero eso no significa que no te quede nada por aprender sobre cómo mejorar tus pensamientos. Diviértete un poco y corre algunos riesgos.

Ahora que he presentado la importancia de comprender el proceso del pensamiento —que tu corazón tiene cerebro y tu cerebro tiene intuición—, vamos a pasar a un área excitante, pero a veces controvertida en el liderazgo, que es el papel y el trabajo de las emociones. Parte capital de la vida interior, los sentimientos pueden ser un gran activo para ti y para tu liderazgo.

PARTE III

EMOCIONES

LAS ALIADAS INESPERADAS

DEL LIDERAZGO

Estaba hablando con Alan, un ejecutivo a cargo de varios departamentos. Alan me estaba diciendo que se enfrentaba a un «problema de actitud» con un director que le reportaba a él directamente.

—¿Qué clase de problema de actitud? —le pregunté.

—Pues que me frustro fácilmente con él —contestó—. A veces incluso directamente me enfado, aunque no me gusta admitirlo, y creo que no estoy siendo justo. No soy así con nadie más, solo con él. Ojalá pudiera superarlo. Necesito dejar de cabrearme como sea.

—Antes analicemos lo que está pasando. ¿Qué es lo que te frustra con él?

—Bueno... muchas cosas, la verdad. Es un tipo agradable, que cae bien a la gente. Y su contribución en la empresa es valiosa, pero es que es tan desorganizado... no hay modo de que me dé información cuando la necesito. Nunca entrega los informes a tiempo. Es una especie de embotellamiento en la empresa. Todo se ralentiza por su culpa.

—Entonces, puede que tu frustración tenga buenas razones —dije yo—. ¿Qué has hecho al respecto?

—He hablado con él un millón de veces, pero su comportamiento no cambia, así que al final paso más tiempo dirigiéndolo a él que a todos los demás juntos

—me explicó, y volvió a su pensamiento original—. Pero no me gusta estar enfadado. Enséñame cómo darle la vuelta a la ira.

—Permíteme que te sugiera otra cosa. A lo mejor es que *deberías* sentirte frustrado y enfadado.

—¿Que debo estar enfadado? Es que yo no soy así.

—A eso me refiero. No eres uno de esos que se ponen hecho un basilisco por nada. De hecho, me pareces una persona muy equilibrada, así que es posible que lo que esté ocurriendo *deba* molestarte porque te está diciendo que debes encontrarle una solución al problema.

—¿Una solución? ¿Cuál?

—Bueno, de algún modo necesitas organizar las cosas de manera distinta. Hay varios modos de acometer ese cambio. Podrías encontrar el modo de hacer que se ponga las pilas, o podrías buscar a alguien que pueda ocuparse de él y que así tú no tengas que hacerlo. O puedes buscarle un área de trabajo en la que no requiera ser organizado. O invitarle a marcharse. Sea como sea, lo que es evidente es que estar enfadado no es la solución. La solución es *arreglar lo que te hace enfadar.*

Alan lo pensó detenidamente y lo comprendió, así que se puso manos a la obra. Pasado un tiempo, lo que funcionó fue la segunda opción: hizo que esa persona reportase a otro, que a su vez le reportaba a él. Como resultado, su «problema de actitud» desapareció. Dejó de estar enfadado y de sentirse frustrado. El nuevo supervisor desde luego tuvo de enfrentarse a todo un desafío, pero tenía más tiempo que dedicarle a esa persona, así que no le resultó tan gravoso. El individuo funcionó bastante bien en la nueva situación e incluso comenzó a ser un poco más organizado.

Esta es la cuestión: tus emociones pueden ser tus amigas y tus aliadas en tu posición de líder. Cuando lideras con la intuición, las buscas y utilizas lo que te aportan. Los capítulos de esta parte exploran los distintos modos de ayudarte a hacer precisamente eso.

Capítulo 6

APROVECHA LAS EMOCIONES

NEGATIVAS Y POSITIVAS

PARA LIDERAR

Como líder, ¿qué te parecen tus propios sentimientos? ¿Los disfrutas? ¿Deseas experimentarlos? ¿Hablas de ellos con frecuencia? Seguramente, no.

Si eres como la mayoría de los líderes, probablemente considerarás tus sentimientos con cierta reserva. Los líderes, en su mayoría, han aprendido por experiencia que las emociones son algo que hay que controlar y dominar, y no mucho más. Las emociones rara vez se consideran un factor de aceleración de las capacidades de un líder.

En los círculos de dirección, se suele oír: «Me interesa lo que *piensas* sobre...». Pero bastante menos: «Me interesa lo que *sientes* sobre...». Se atribuye más valor a la parte cognitiva del mundo interior que a la parte emocional. Forma parte de la cultura del liderazgo. Por eso me llamó tanto la atención el comentario de Alex sobre la ansiedad que he mencionado en la introducción de este libro. Te recuerdo que Alex no prestó atención a la sensación incómoda que tenía en las tripas sobre el desarrollo de una nueva línea de producto que estaba fuera del perfil base de su negocio. Tenía la sensación, pero la descartó. Los sentimientos no son siempre la llave mágica que nos lleva a una magnífica toma de decisiones, pero *no debemos ignorarlos*.

A veces un líder describe un pensamiento como un sentimiento (típico fenómeno masculino). Por ejemplo, un líder diría: «Siento que necesitamos destinar más recursos a *marketing*». Pero esa frase no encaja con la definición de emoción. Las emociones no son ideas, sino respuestas internas.

Por supuesto, hay buenas razones para dudar sobre si se debe incorporar las emociones al liderazgo. Todos hemos visto situaciones en las que un líder ha dado rienda suelta a alguna emoción y ha cometido un error garrafal al hacerlo. O hemos estado en otras situaciones en las que el temor y la ansiedad han hecho que un líder diera marcha atrás en lugar de dar un valiente paso hacia delante, y el resultado ha sido desfavorable. O hemos presenciado cómo unos sentimientos muy intensos han alienado a un líder de su entorno más próximo. El líder que da muestras emocionales constantes tiende a crear una impresión negativa de su competencia.

Tengo grabado en la memoria el impacto negativo potencial de las emociones cuando fui convocado para actuar como jurado. Me tomé unos días libres del trabajo y escuché con atención los argumentos de la defensa y de la acusación. Al final de sus respectivas exposiciones, la jueza nos ordenó que nos retirásemos a deliberar y que nos pusiéramos de acuerdo en un veredicto. Como parte de las instrucciones que nos dio para hacerlo, dijo: «Es posible que hayan experimentado una reacción emocional ante las personas que han hablado, pero no permitan que sus emociones les nublen el juicio». Y tenía razón. Algunos de los miembros del jurado tuvieron una respuesta negativa al estilo de una de las personas del juicio. Teníamos que estar constantemente enfocándonos en lo que decía la ley, en la verdad y en lo que realmente se estaba juzgando allí. Era el único modo de llegar a un veredicto que fuera justo.

Una vez expuesto el argumento de que las emociones pueden suponer un problema real para el liderazgo, ahora quiero exponer la otra cara de la moneda y mostrar cómo las emociones no solo pueden ser útiles, sino que son, de hecho, de capital importancia para un liderazgo de éxito. ¿Recuerdas lo que escribí en la introducción sobre los peligros de *no* prestar atención a las emociones? *Si decides ignorar la información menos sólida, es decir, tu intuición, estarás corriendo un riesgo.* Esta advertencia es seguramente más cierta en esta arena del mundo emocional.

Un cliente mío muy prominente en el mundo de la inversión en tecnología había logrado su récord durante un periodo de repunte. Tenía buen instinto y le gustaba desafiar el peligro por naturaleza, de modo que funcionaba bien en un mercado en fuerte crecimiento. Sin embargo, cuando ese mismo mercado empezó a caer y sus asociados comenzaron a hacer inversiones más conservadoras, él pasó por alto todos los síntomas y siguió arriesgando. Ese enfoque le salió muy caro. Cuando le pregunté por todo ello, él me dijo: «Estaba angustiado como todo el mundo, pero no presté atención. Me pareció que si lo hacía sería un signo de debilidad». Mi cliente se ha recuperado de aquellas pérdidas, pero ahora respeta mucho más sus emociones, en particular la ansiedad.

¿Qué son las *emociones* o los *sentimientos*? Una definición sencilla y buena es que las emociones son *reacciones subjetivas*. Las emociones incluyen reacciones positivas, tales como la ternura, la felicidad o la satisfacción, pero también incluyen reacciones negativas, como la ira, la ansiedad o la tristeza. Pueden ser intensas o sutiles. Pueden ser absolutamente sobrecogedoras, o podemos no darnos cuenta de que las estamos teniendo.

Como cualquier otra cosa que llevamos en el interior, las emociones no existen por sí mismas ni para sí mismas, sino que tienen una función, una finalidad, un papel que interpretar y, cuando entendemos este papel, podemos aprovecharlas para liderar bien.

La función señal

Tus sentimientos existen como señal para ti. Te alertan sobre algo que está ocurriendo, algo a lo que tienes que prestar atención y con lo que tienes que lidiar. Ese *algo* puede ser un acontecimiento fuera de ti o en tu interior. Mira a tus emociones del mismo modo que lo harías con el panel de instrumentos de un coche. El panel incluye relojes e indicadores que te proporcionan información sobre cosas como el nivel de combustible, la temperatura del motor, sus revoluciones, el nivel de aceite y la presión de los neumáticos. Cuando los indicadores se mueven en el rango correcto, no reparas en ellos porque te comunican que todo va con normalidad, pero cuando los indicadores se ponen en rojo, parpadean, emiten sonidos de alarma o se encienden, prestas atención porque las cosas ya han dejado de ser normales. Los indicadores te están alertando de que algo, normalmente un problema, necesita tu atención.

En uno de mis primeros trabajos a jornada completa, conduje con un coche de la empresa durante unos cuarenta kilómetros con la luz del aceite encendida. En mi ignorancia, creí que era la del combustible, y me imaginé que me quedaban unos cuantos kilómetros antes de que se acabase. Pero cuando a duras penas llegué a mi lugar de trabajo, el coche necesitó una cara reparación. Mi jefe fue excepcionalmente benévolo conmigo a pesar de mi idiotez, pero hizo que me sentara y me explicó qué tenía que hacer la próxima vez que se encendiera la luz del aceite.

Eso es lo que las emociones hacen por ti, y por qué es bueno comprender lo que significan y qué hay que hacer al respecto. Las emociones señalan una situación en concreto y, en la mayoría de las ocasiones, hay alguna acción que puedes acometer y que resolverá la situación. El resultado es que la emoción gradualmente va perdiendo intensidad. Una vez ha cumplido con su función, la emoción se disipa hasta la siguiente ocasión.

Volvamos a la situación de Alan descrita al comienzo de la tercera parte. Alan quería dejar de sentir las emociones de ira y frustración. No le gustaba sentirlas, lo cual es más que comprensible. Son emociones desagradables y nadie quiere estar enfadado todo el tiempo. Sin embargo, su solución de intentar dejar de estarlo sin más no estaba funcionando. Utilizando la analogía del coche, estaba intentando empuñar un martillo y liarse a martillazos con el indicador del aceite para luego decir: «Bien. Problema resuelto». Pero el verdadero problema, la situación que había provocado que la luz se encendiera en un primer momento, no se había solucionado, sino que había ido empeorando con el tiempo. Cuando decidió prestar atención a la luz de advertencia distanciándose del individuo desorganizado, su frustración y su ira se disiparon, y no porque él hubiera intentado con todas sus fuerzas no sentirlas, sino porque había solucionado el verdadero problema.

Hay escuelas de pensamiento que dicen que simplemente puedes elegir entre sentir o no sentir determinadas emociones. La teoría es que nuestros sentimientos siguen siempre a nuestro pensamiento, y por lo tanto si cambias de perspectiva, tus sentimientos te seguirán. ¿Habría podido aprender Alan a ser más paciente con su empleado y estar menos enfadado? Podría haberlo hecho, pero con tiempo. De no haber tenido otras opciones, quizás lo hubiera hecho así. A veces eso nos ayuda de verdad, ya que crecemos y nos hacemos más maduros, con una visión más amplia de las cosas, pero no es siempre lo mejor que podemos hacer con nuestros sentimientos. Lo mejor es considerar el significado de esa emoción, ver qué la causa y ocuparnos de ello.

Las emociones no son siempre síntoma de que algo ocurre «ahí fuera», como en el caso de Alan con su director. También pueden alertarte de algo a lo que tienes que enfrentarte contigo mismo. A veces, una circunstancia externa puede desencadenar un sentimiento, y a veces un problema interno puede hacer lo mismo, y es muy importante para un líder aprender a distinguirlos.

Por ejemplo, en una ocasión en la que estaba trabajando como consultor con un equipo ejecutivo, descubrí que me sentía irracionalmente irritado con un tipo. Cuando hablaba me molestaba, y era como si alguien estuviese arañando una pizarra con las uñas. Mientras conducía de vuelta al hotel al final de la jornada, intenté descubrir por qué me molestaba. Lo que aquel hombre había dicho estaba bien, y no parecía mal tipo. Entonces caí en la cuenta: ¡su voz y su lenguaje corporal me recordaban a otro individuo que yo conocía y que me resultaba, aquel sí, francamente irritante! En cuanto hice la conexión, mis sensaciones cambiaron y empecé a sentirme mucho más positivo hacia aquel hombre. Y al mismo tiempo, me di cuenta de que aún necesitaba trabajar con mis sentimientos hacia aquel otro.

¿Por qué es importante para un líder cultivar esta clase de conciencia? Porque debes tomar las decisiones a la luz de la claridad. Si no analizas tus emociones, corres el peligro de perder claridad, y eso puede perjudicar tu facultad de liderazgo en tu organización. No puedes sentir animadversión hacia alguien porque te recuerde a otra persona de tu pasado, y tampoco puedes pasar por alto las emociones negativas que puede provocarte una persona porque temas estar exagerando. Tienes que analizar lo que está pasando. (Para más información sobre cómo hacerlo, lee el siguiente apartado «Cómo leer las señales emocionales»).

Al igual que las señales, las emociones pueden contener información positiva y negativa y en ambos casos, debes prestarles atención.

Cómo leer las señales emocionales

- *Identificar el sentimiento.* ¿Te sientes ansioso, frustrado, enfadado, triste, avergonzado? Cuanto más específico puedas ser, mejor equipado estarás para decidir cómo enfrentarte a ello.
- *Determinar el catalizador exterior.* ¿Ha sido por una conversación que no ha ido bien? ¿Malas noticias económicas? ¿Una reunión a la que temes asistir?
- *Considerar si hay o no un catalizador interno.* ¿Es lo que sientes más intenso de lo que debería dadas las circunstancias? ¿Podrías estar reaccionando a algunos pensamientos antiguos, pérdidas o relaciones? Si es así, anótalos y habla de ello con algún amigo que te conozca bien y que te ayude a unir los puntos del dibujo para que puedas separar el pasado del presente.
- *Tomar la mejor decisión.* Un buen líder toma las mejores decisiones basándose en la información de que dispone. Utiliza lo que sientes y lo que piensas para dar el paso.

Cuando Alan pasó por este proceso, identificó sus sentimientos como frustración e ira. Sabía que el catalizador externo era el subordinado que no trabajaba bien. Yo tenía claro que no estaba reaccionando en exceso, de modo que parecía poco probable que su frustración tuviese un catalizador interno (una persona desorganizada que lo hubiera vuelto loco en el pasado). De haber sido el caso, le habría dicho que me hablase de aquella relación, el impacto negativo que había tenido en su persona y en la organización, y cómo le había hecho sentirse. En la mayoría de los casos, solo el hecho de que yo mostrara mi comprensión hacia el problema de fondo habría bastado para resolver los sentimientos. Alan habría tenido la claridad necesaria para tomar la mejor decisión reorganizando la estructura.

Emociones negativas

Como líder no puedes permitirte ignorar tus emociones negativas. De hecho, son fundamentales para tu éxito. Tengo que desafiar a muchos líderes por esto porque les preocupa que hablar de algo negativo pueda disminuir su eficacia. Prefieren ser positivos, enérgicos y mostrarse centrados en tomar la siguiente colina. Yo soy tan combativo como el que más, pero un equipo que no aprende de la derrota en la colina anterior está en peligro de repetirla.

Todo líder competente considerará los informes económicos negativos, los problemas de mercado y las dificultades en las ventas, y ahondará en todos ellos tal y como dice el dicho: «Se comerá los problemas en el desayuno». Hay que hacer que sea lo mismo con los sentimientos negativos. Son solo información, y significan algo. No minimices tus emociones negativas aduciendo: «Me frenan demasiado». Averigua qué te están diciendo los datos, y te irá mucho mejor.

Para ayudarte a hacer esto, echemos un vistazo a los sentimientos negativos o que te causan inquietud, y consideremos lo que nos transmiten.

Ansiedad: necesito protegerme de una amenaza potencial

La ansiedad es una sensación de incomodidad, miedo o temor que nos empuja a apartarnos de algo o de alguien. Es un signo de peligro o de falta de seguridad. A veces se experimenta de un modo físico, por ejemplo, con el estómago revuelto, las palmas de las manos sudorosas o un ritmo cardiaco acelerado. La ansiedad es una emoción útil porque te advierte de que puedes hallarte en una situación que no es buena para ti. Muchos líderes tienen experiencias en las que ignoraron su ansiedad y el resultado fue que cometieron un error. En otras ocasiones, pueden malinterpretar su ansiedad, dando por sentado una amenaza o un problema que en realidad no existe. En cualquier caso, la ansiedad es una señal que nos indica que debemos protegernos

Un amigo me dijo que temía interactuar con su nuevo jefe. Lo evitaba e intentaba acortar cualquier conversación que tuviese con él. Cuando le pregunté por qué, me dijo:

—Es muy distante conmigo. Muy seco. Creo que no le gusto.

Conocía a su jefe, y no me parecía de esa clase de personas. También sabía que, en realidad, mi amigo le caía bien. Es más, me lo había dicho abiertamente.

—A lo mejor es un poco reservado, nada más. Quizás esa distancia que tú sientes no está dirigida a ti. A mí siempre me ha parecido que es más bien callado.

Mi amigo se quedó pensativo y luego me dijo:

—Podría ser. No lo había pensado.

El supervisor anterior de mi amigo era una persona gregaria y cariñosa, la clase de persona que tomaba la iniciativa para conocer a los demás y que se interesaba de verdad por ellos y, en comparación, su nuevo jefe parecía distante y frío.

—¿Por qué no das tú el primer paso y le preguntas qué tal van las cosas? —sugerí—. Tal vez es eso lo que necesita.

Eso, prácticamente, solucionó el problema. A pesar de sus ansiedades, mi amigo tomó la iniciativa con su jefe. Se acercaba a él y le preguntaba por el fin de semana o si tenía planes aquella noche. El resultado fue que su jefe se fue abriendo poco a poco, y su relación mejoró notablemente. Desde luego habría sido mejor que hubiera sido el jefe el que hubiese iniciado ese movimiento, pero no ocurrió así. En este caso, la ansiedad señalaba que mi amigo estaba malinterpretando el carácter reservado de su jefe tomándolo como animadversión. Y cuando dio el paso, el problema quedó solucionado y la ansiedad desapareció.

En otras ocasiones, sin embargo, la ansiedad señala un peligro real, presente y objetivo que debemos evitar. En estos casos, en lugar de acelerar debemos pararnos, analizar el sentimiento, comprender su fuente y tomar las medidas necesarias.

Hace un tiempo, por ejemplo, me abordó una persona que tenía una proposición de negocios que hacerme. Quería que invirtiera en una empresa de comunicación que estaba empezando con un concepto nuevo. La verdad es que parecía una inversión bastante segura y una buena idea, con muchas posibilidades. La única pega era que necesitaba que tomara la decisión con demasiada premura. «El barco está a punto de zarpar», me decía.

Yo necesitaba más tiempo para hacer las diligencias necesarias y estudiar a fondo la situación, pero, al mismo tiempo, detestaba perderme lo que podía ser una gran oportunidad, así que intenté recabar cuanta información pude encontrar en el poco tiempo de que disponía. Y mientras reflexionaba sobre todo aquello, me di cuenta de que empezaba a sentir ansiedad. Estaba sintiendo miedo. En un principio, pensé que simplemente se trataba de los nervios propios de quien está a punto de asumir un riesgo, pero la ansiedad no disminuyó, sino que empeoró. De hecho, desbancó rápidamente a la excitación inicial con que había recibido la oportunidad. Al final desvelé la naturaleza de la ansiedad: *no tengo tiempo suficiente de reunir la información necesaria para afrontar semejante compromiso con confianza*. Quería decir que sí, pero no podía hacerlo, de modo que tuve que decir que no.

Al final resultó que mi ansiedad me hizo un favor, ya que a la empresa no le fue bien. La ansiedad dice evita esto o vete por aquel otro lado, y yo lo hice, pero en realidad, ese sentimiento no era el problema. Simplemente me estaba señalando una realidad a la que tenía que enfrentarme, que era que me estaban pidiendo mucho en muy poco tiempo. Para muchos de nosotros, el hecho de que alguien no nos dé tiempo suficiente para tomar una decisión es señal de problemas, y probablemente es lo que me habría acarreado a mí.

En cualquier caso, la experiencia demuestra lo útil que puede ser tu ansiedad si la escuchas.

Ira: necesito enfrentarme a un problema

La ira es una llamada a lidiar con un conflicto. Cuando tenemos que derribar un obstáculo o enmendar un error, nuestros niveles de energía suben y nos preparamos para la confrontación o para combatir la situación en algún sentido. La ira es la señal de que hay un problema que necesita ser solventado, y nos incita a arreglar algo que necesita ese arreglo. Una vez más, la ira puede ser la respuesta a un acontecimiento externo o a una experiencia interior, pero debe ser abordada y tratada. Lo que nos hace enfadarnos no es siempre una persona mala o difícil, pero sí al menos una situación difícil o perjudicial que queremos cambiar. No nos gusta ver sufrir a las personas que nos importan, o que proyectos cuidadosamente estudiados se vayan al traste, o que el esfuerzo que hemos hecho por estrechar lazos con alguien resulte en que seamos atacados o que se nos eche la culpa. Esas situaciones suelen provocar una respuesta airada, una emoción que puede durar unos segundos o que puede extenderse durante días y semanas. Pero la idea es que la ira te empuja a enfrentarte con el problema.

Hay muchas historias que hablan del típico ejecutivo que grita, intimida y da golpes con el puño en la mesa. En realidad, está inmerso en una batalla, pero la mayor parte del tiempo su ira no soluciona nada. A veces la gente habla de lo bueno que es desahogarse, descargarse de ira. Expresarla del modo adecuado, sin alienar a nadie, es algo saludable, pero el acto de desahogarse en sí mismo y por sí mismo está sobrevalorado. Una persona con un problema crónico de ira puede pasarse el día descargándola, levantarse a la mañana siguiente y volver a empezar. Esa persona tiene algo en su interior de lo que debe ocuparse, y que va a requerir algo más elaborado que «contar hasta diez», como Kay Yerkovich, me dijo una vez.

Para entender cómo funciona la ira, volvamos al ejemplo de Alan y su subordinado. La ira de Alan era una reacción normal ante una situación externa, pero podría haber sido diferente. Supongamos, por ejemplo, que el director trabajaba bien y que no causaba ningún problema, pero Alan se seguía sintiendo molesto cuando se dirigía a él. Eso podría señalar algo en su interior, una alerta de una naturaleza diferente. Podría haber sido que el director tuviese algún rasgo o un estilo al que Alan fuese extremadamente sensible. Imaginemos que es muy parlanchín, y a Alan le gusta la gente que va directo al grano. A esa persona no le pasaría nada malo, pero simplemente a Alan no le gustaría ese estilo de persona. En ese caso, el paso a dar seguramente habría sido diferente; habría sido el de intentar comprender de dónde provenía esa incomodidad. Quizás Alan había tenido antes un jefe que daba muchos rodeos y era difícil entender algo con claridad, y esa experiencia se había quedado con él. Una vez identificada la fuente, Alan podría perdonar a ese jefe anterior y así ser más tolerante con su subordinado.

También podría ser al revés. Supongamos que el jefe anterior era una persona muy directa mientras que Alan prefería poder charlar un poco antes de ir al grano, de modo que su subordinado le parecería frío y abrupto. La cuestión es que la ira puede proceder de la situación o de ti mismo, y como líder tienes que estar abierto a ambas opciones. Ten presente que la ira propicia la capacidad de resolución de problemas, así que no la evites. Tampoco dejes que te controle. Asegúrate de encontrar su fuente y actuar.

La ira es una señal para actuar, pero es importante reconocer que puede haber ocasiones en las que no es posible hacer nada para solucionar el problema. La ira puede habernos ayudado a que nos esforcemos en resolver una situación, pero hay cuestiones que, por mucho que nos esforcemos, no logramos que vayan como nosotros queremos. No podemos solucionar todos los problemas y no podemos ganar en el cien por cien de las ocasiones. Creo que es posible llevarse el gato al agua muchas veces, pero quien diga que se puede hacer siempre, es que no vive en el mundo real.

En estos casos, tu ira puede haber hecho su función y haber corrido su carrera. Cuando has hecho todo lo que puedes hacer, cuando has sido todo lo creativo que te es posible, cuando has escuchado montones de sabios consejos, te has esforzado por ir un paso más allá, has persistido y has orado, entonces ha llegado el momento de dejar atrás la ira y su capacidad de resolver problemas. De otro modo, la ira solo sirve para que te sientas frustrado y con ganas de darte de cabezazos contra la pared.

Esta es la situación a la que se enfrenta un líder que sigue sintiéndose molesto por algo que debería dejar atrás, pero que sigue reviviendo una y otra vez. Lo tiene siempre metido en el pensamiento como una obsesión, y sus compañeros están cansados de oírle hablar de ello. Está atascado en lo que los psicólogos llaman una *posición de protesta*. Sigue defendiendo su postura mentalmente y no es capaz de dejarlo atrás. Oirás decir muchas veces a esta persona cosas como «no puede ser, o no debería ser así, o quizás, si lo intentáramos de esta manera», insistiendo sobre una situación que no va a cambiar. Está protestando contra una situación que debería dejar atrás. Su ira lo está colocando en una posición de pelea continua, y ese no es un uso inteligente de la ira. Lo que debería hacer es darse cuenta de que ha llegado el momento de cambiar, de adaptarse y de ir en otra dirección, y que esa clase de protesta ininterrumpida tenga su resolución final en la siguiente emoción que quiero tratar, que es la tristeza. No es la más popular entre los líderes, pero es vital para la experiencia y la comprensión.

Tristeza: necesito dolerme de una pérdida para poder seguir adelante

La tristeza es un sentimiento de dolor y duelo. Nos sentimos desanimados y pesarosos. Vertemos lágrimas y a veces nos aislamos en nosotros mismos. La tristeza tiene su propia señal, su propio mensaje, que es que estamos experimentando una pérdida. Algo o alguien que valoramos y que nos importa nos ha dejado. Es el proceso con que cursa el dolor.

Hay muchas victorias y muchas pérdidas que experimentarás en la vida y en el liderazgo. Así es la vida, y es normal. Un acuerdo con el que soñabas no se materializa, no importa lo mucho que te hayas esforzado por intentar que funcionase; una persona que te está volviendo loca no atiende a razones y persiste en un comportamiento disruptivo; las fuerzas del mercado ponen todo patas arriba; y cosas que escapan a tu control echan por tierra tu trabajo. Una ventana que se había abierto para ofrecerte una oportunidad ahora se ha cerrado para siempre. Has emitido un juicio y ahora resulta que te equivocabas.

En un ámbito más personal, son muchas también las pérdidas que sufre un líder. Un matrimonio que se rompe. Un amor que se marchita y muere. Tus hijos toman un camino equivocado y tú sufres por ello. Cometes errores a la hora de tratar a las personas que amas y acabas alienándolas. Tienes problemas de salud. Desarrollas un hábito pernicioso que lamentas. Te preguntas dónde está Dios en todo esto, y si le importa.

Como líder puede que te sientas tentado a saltarte este apartado. Utilizar la tristeza en el liderazgo te parece lo opuesto a todo el proceso que tenga por objetivo hacer avanzar a tu gente y a tu organización. Los líderes deben centrarse en añadir valor y conseguir resultados. ¿Qué valor, qué resultados pueden derivarse de estar triste? ¿Acaso no conduce a la desaceleración, al estancamiento, al regodeo en la autocompasión, al sentimiento de culpa e incluso a la depresión? ¿No es mejor seguir adelante, cortar con las pérdidas y mantenerte positivo?

En mi trabajo con líderes, con el paso del tiempo he llegado a comprender su perspectiva. Los líderes están sometidos a una presión tremenda por ser un ejemplo, una fuente de inspiración, una fuerza positiva y un manantial de energía para su organización. Esa es la realidad, y es lo correcto. Es la esencia del liderazgo.

Al mismo tiempo hay otra característica esencial, y es la de ser capaz de manejar las pérdidas y la consiguiente emoción de tristeza. Porque es algo que va a ocurrir. Perder forma parte de la vida. El mundo es así.

Las pérdidas tienen tres orígenes: tú, los demás y el mundo. Tus propios fracasos y errores de juicio pueden causar pérdidas. Quienes comparten tu vida pueden ser la fuente de las pérdidas y, a veces, la economía, el clima o una enfermedad que no es culpa de nadie puede provocar una pérdida. Con frecuencia, las pérdidas que sufres son una combinación de las tres. Ciertamente, como líder, *vas* a perder. La manera en que se enfrenta ese líder a las pérdidas separa a los ganadores de los perdedores. Es irónico que aquellos que no saben enfrentarse a ellas acaban perdiendo al final, y aquellos que saben cómo lidiar con ellas, ganarán. Así es como funciona.

La tristeza es la señal emocional de la realidad de una pérdida. Es una señal que te dice: *he perdido. Puede que otro haya ganado, puede que no, pero yo sé que he perdido. Y he perdido algo que quería.* Tanto si es tu posición lo que has perdido, una unión ventajosa, una ganancia económica o una relación, la tristeza te pone en contacto con lo que sea que querías. Te pone en contacto con el deseo de algo, casi siempre algo bueno. Y el deseo —el anhelo de algo, el deseo de algo— es el requisito previo para la tristeza y el dolor. Si no deseas o te preocupas por algo, nunca tendrás que sentir tristeza. No hay nada que perder, de modo que no hay nada de lo que separarse.

La gente desconectada de sus deseos, de su corazón y de sus relaciones, con frecuencia no sienten tristeza, pero ese no es un buen modo de vivir. De hecho, la gente distante padece problemas de relación, dificultades en la intimidad y depresión clínica. No desear o no preocuparse por algo con el fin de evitar la tristeza es perder el objetivo primordial del liderazgo. El liderazgo es desear marcar la diferencia, tener una visión, ayudar a las personas que nos importan, cambiar sus vidas y alcanzar objetivos. El deseo y el sentimiento pueden ser los responsables de que sigas avanzando en el camino. No se puede tener lo uno sin lo otro, con lo que debes permitir que el deseo y la tristeza coexistan en tu vida interior.

Entonces ¿qué hay de bueno en la tristeza? Este es su valor: *la tristeza te dice que pases página y sigas adelante.* Te señala la realidad de que no puedes tener algo que deseas, al menos hoy, y que tienes que buscar otro camino. Que debes dejar de intentar meter un cuadrado en un agujero circular. Que debes dejar de intentar a toda costa que ese acuerdo fragüe. Que debes darte cuenta de que esa persona no es la adecuada para el trabajo, aunque necesites desesperadamente a alguien en ese puesto. Si hay una persona en tu grupo de confianza que quiere marcharse, y ya has hablado varias veces con ella para intentar convencerla de lo contrario, déjala marchar y deséale lo mejor. Fíjate un objetivo para el año próximo que sea más realista que el del año pasado, que era imposible.

Hay un valor tremendo en prestar atención al sentimiento de tristeza. Evita que te quedes atascado como el líder que he mencionado antes, que estaba perdido en un ciclo interminable de «no puede ser. No tiene que ser. Si hubiese intentado hacerlo de este otro modo...». Empieza a parecer un enamorado que, al verse rechazado, comienza a atacar a su ex. Esa clase de existencia no la desea nadie. No es el camino al éxito.

Quizás la razón por la que a los líderes les resulta tan difícil lidiar con esta emoción es que *la tristeza nos deja indefensos para cambiar una realidad en concreto.* Eso no significa que estés totalmente indefenso. Por supuesto que te quedan opciones y posibilidades, pero hay ocasiones en las que has de aceptar que no está en tus manos cambiar a alguien o algo. Por ejemplo, podría no estar en tus manos en las siguientes situaciones:

- Cambiar la opinión negativa que otra persona tenga de ti.
- Resucitar un acuerdo que ya es pasado.
- Convencer a alguien que quiere marcharse de que se quede.
- Mantener un puesto que ha sido eliminado.
- Deshacer o disminuir las consecuencias de una elección desafortunada.

Los líderes resisten situaciones imposibles, y no es precisamente lo que esperaban del liderazgo. Es comprensible. Los líderes son trabajadores, personas que ejecutan, pero como he dicho, reconocer la tristeza no equivale a reconocer una completa y total indefensión. Tiene límites y parámetros. Siempre puedes tomar otro camino para lograr lo que quieres lograr. De hecho, la tristeza es un recordatorio de una importante verdad: *no eres Dios.* ¡Y es una realidad buena a la que acostumbrarse! No tienes poder para lograr que todo salga como tú quieres todo el tiempo. La tristeza te señala una indefensión limitada y restringida que te ayudará a hacer frente a tu pérdida, a superarla y a seguir adelante con aquellos asuntos en los que puedes ser de ayuda y eficaz.

Durante estos últimos años, el doctor Henry Cloud y yo hemos dirigido un programa de entrenamiento para líderes, de una semana de duración, llamado Ultimate Leadership Workshop (Talleres de liderazgo fundamental).[1] En estos talleres, Henry y yo enseñamos a los participantes los principios del liderazgo, sus valores, el mundo interior y cómo alcanzar los resultados. Un componente de la semana es que los líderes participen en pequeños grupos, lo cual proporciona un lugar seguro para procesar lo que están aprendiendo, donde liberarse y ser reales. Es donde la información que están aprendiendo hace ese viaje de cuarenta y cinco centímetros desde la cabeza hasta el corazón.

Una de las cosas que los asistentes dicen que extraen del curso es una nueva perspectiva para el valor de la tristeza. Ahora son personas con grandes dosis de motivación, competentes, que defienden sus valores y que se sienten realizadas, pero, invariablemente, ninguna de ellas tenía la capacidad de manejar la pérdida. Nadie las había ayudado nunca con ese aspecto de la vida, del trabajo y del liderazgo. Dicen cosas como:

- «He estado sometiéndome a la presión que supone ser perfecto en todo. Estoy aprendiendo a prescindir de esa imagen, ya que es algo que nunca ocurrirá. Estoy aprendiendo que la excelencia no exige la perfección, y tengo una perspectiva nueva».
- «Pensaba que podría hacer feliz a todo el mundo en la empresa si me lo proponía con ahínco. He olvidado esa imagen, y me estoy liberando de la trampa».
- «Había cometido algunos errores en el trabajo por los que no podía dejar de reprenderme. Me he permitido sentir tristeza y ahora puedo considerarlos experiencia para el futuro».
- «Echo de menos al equipo que tenía en mi otro trabajo y estoy dejando salir la pena para poder pasar página. Ahora tengo más energía y más ánimo para seguir adelante con el nuevo grupo».
- «He tenido algunas pérdidas relacionales y no me he permitido a mí mismo decir adiós emocionalmente. No superé la pérdida de esa persona y eso afectó mi trabajo. He pasado por el sufrimiento y ahora vuelvo a ser el de antes».

La tristeza puede ayudarte a seguir adelante y encontrar nuevas oportunidades y nuevos desafíos. Aunque es una emoción negativa, tiene efectos positivos. Hablé con un ejecutivo que había pasado de una compañía a otra. Cuando le pregunté qué tal le iba, me dijo:

—Me gusta la empresa en la que estoy, pero no es que me entusiasme o me sienta comprometido en la nueva.

—¿Tienes idea de por qué?

—Me he dado cuenta de que la transición fue demasiado rápida. Llevaba mucho tiempo en la empresa anterior y tenía muchas relaciones allí, además de grandes experiencias, y creo que no me he dado el tiempo suficiente para pasar la pena y la página.

Desde la perspectiva del tiempo y los recursos, la tristeza nos genera unos buenos beneficios por lo invertido. Es un proceso temporal que tiene punto final y se resuelve. Nos permite liberar energía y genera motivación mental para que podamos seguir el camino que deseemos seguir. Y ayuda a aprender las lecciones más valiosas del pasado.

En ocasiones me encuentro con líderes que no otorgan valor alguno a la tristeza. Basta con superarla, dicen, y en algunos casos puedo entenderlo. Por ejemplo, si alguien no para de quejarse sobre una situación que ocurrió hace mucho tiempo y que ya es vieja, lo único que necesitan es superarla. O si su tristeza tiene que ver con un problema que no es grave, tienen que superarlo. Eso es cierto sobre cuestiones que a ti no te importan demasiado. Cambias de despacho en el mismo edificio. Estudias para una especialidad diferente. Esta clase de cambios requieren solo adaptación y flexibilidad. No suelen generar una gran tristeza porque no suponen una pérdida significativa. O si alguno de los fracasos que experimentas no es gran cosa, te limitas a sacudirte el polvo y a subir de nuevo al caballo.

Sin embargo, a veces limitarte a pasar página puede acarrear un empeoramiento con el paso del tiempo. Si has perdido algo o a alguien verdaderamente importante para ti, lo más probable es que experimentes tristeza por ello, y lo mejor que puedes hacer es rendirle honores permitiéndote estar triste durante un tiempo. Te sentará bien, y te permitirá seguir adelante sin tener que llevar un exceso de equipaje.

Mantén actualizados tu dolor y tus pérdidas. No los dejes desatendidos durante demasiado tiempo. Cuanto antes enfrentes el duelo de la pérdida que hayas sufrido, menos tiempo tardará en pasar. Puede tratarse de un par de minutos si estás desilusionado porque alguien con quien tenías una cita para cenar y con quien te apetecía mucho estar, ha tenido que cancelarla. Si se trata de una pérdida significativa, será mucho más largo. Pero cuanto más tiempo evites el dolor, más tiempo te tomará darlo por superado y seguir adelante. Cuanto antes te lances al duelo, antes volverás a la vida normal.

Dolor productivo: Cómo pasar página y seguir adelante

A continuación, te ofrezco una guía en la que te doy los pasos básicos para manejar el dolor.

- *Identifica la pérdida.* El dolor te está señalando una pérdida en el pasado o en el presente, y ese dolor puede obedecer a una oportunidad perdida, una relación perdida o un fracaso.

- *Valora el impacto.* A mayor impacto, mayor necesidad de duelo. Pasarse la salida en la autopista es una pérdida de bajo impacto, pero perder una relación importante es una pérdida de alto impacto.
- *Crea un entorno receptivo.* Es duro sentir la tristeza en mitad de una reunión o mientras se comunica una propuesta de ventas. Resérvate unos minutos para estar solo o habla con una persona de confianza que sea receptiva y abierta.
- *Permite que florezcan los sentimientos de tristeza y las lágrimas.* Estas cosas simplemente saldrán a la superficie, ya que son el reflejo emocional del impacto que la pérdida ha tenido en ti.
- *Aprende la lección.* Reflexiona sobre lo que puedes haber aprendido de la pérdida y sigue adelante. Puede tratarse de cómo tomar una decisión o cómo manejar un conflicto relacional la próxima vez.

Culpa y vergüenza: tengo que aceptarme a mí mismo, no condenarme por mis errores

Los líderes meten la pata; esa es una realidad bien sencilla. Los mejores líderes no solo aprenden de sus meteduras de pata, sino que no permiten que la culpa y la vergüenza obstaculicen su efectividad. Si no te tomas el tiempo necesario para comprenderlas y enfrentarte a ellas, las emociones de culpa y vergüenza taponarán tu energía, lastrarán tu motivación y agujerearán tu creatividad. Aunque la culpa y la vergüenza son cosas distintas técnicamente hablando, el mejor modo de describirlas es como *un ataque contra ti perpetrado por ti*. Te condenas o te juzgas con dureza por haber violado un estándar, por fracasar, por fallarle a alguien, por no llegar o por hacer daño a otra persona, para nombrar unas cuantas infracciones. Por otro lado, este ataque sobre ti mismo puede deberse a algo que es cierto o que obedece a una mera percepción. Por ejemplo, puedes castigarte y condenarte por anotar un tanto de dos en lugar de tres puntos.

La culpa y la vergüenza son con frecuencia expresión del enjuiciamiento al que nos sometemos a nosotros mismos; a continuación, te ofrezco unos cuantos ejemplos que pueden experimentar los líderes:

No sé qué hago en este trabajo. Soy un fracasado.
Si la gente supiera lo incompetente que soy de verdad, ya no estaría aquí.

Mi último error ha hecho daño a un montón de gente.

Me paso la vida desilusionando y fallándoles a los demás.

Me rindo con demasiada facilidad.

Nunca aprendo nada de lo que los demás intentan decirme.

Las dificultades de la compañía son culpa mía.

No hacen falta muchos de estos ataques para provocar un gran desánimo e incluso la parálisis en un líder. En cualquier caso, es una lucha corriente en ellos, y por lo tanto, cuando tratamos con nuestras emociones, en lugar de intentar ignorar o deshacernos de la culpa y la vergüenza, necesitamos comprender qué es lo que nos señalan para que podamos buscar el camino a la solución.

No tiene nada de malo sentirse mal cuando fracasas. Significa que vives en la realidad. Cuando logras un éxito, debes celebrarlo; cuando yerras, tener sentimientos negativos como desilusión, remordimientos y preocupación por los demás muestra que te importa la gente, tus responsabilidades y tu liderazgo. ¿Alguna vez has hablado con alguien que ha cometido un error mayúsculo que le ha costado a su organización un montón de dinero, y esa persona se ha quitado la responsabilidad de encima diciendo algo como:

«Bueno... ya irá mejor la próxima vez».

Yo sí, y no confiaría a personas como esa ni mi tiempo ni mi dinero. No son personas que consideren la responsabilidad hacia los demás como algo importante. Son gente problemática, y lo opuesto a quienes son ejemplo de una forma de vida sana y libre de culpa.

La culpa y la vergüenza son algo mucho peor que la desilusión o el remordimiento porque nos meten en un círculo vicioso de revivir el pasado, de insistir en las recriminaciones, de paralizar nuestro liderazgo. Cuando experimentas estos sentimientos, es necesario que analices lo que está sucediendo porque, en muchas ocasiones, señalan uno o varios problemas, y cada uno de ellos tiene su correspondiente vía de solución. Por ejemplo:

- Tus estándares son poco realistas y deben ser modificados y adaptados a lo que se puede lograr siendo realistas.
- Te estás identificando más de la cuenta con el error cometido y piensas que te define como persona, en lugar de considerarlo simplemente un error que tú, una persona competente, has cometido.

- Te cuesta aceptar relaciones afectivas seguras con personas que pueden ayudar a que te sientas querido y bien contigo mismo, y necesitas tener algunas en tu vida.
- Ves figuras paternales con la gente que te rodea e imaginas que están más desilusionados contigo de lo que en realidad lo están. Tienes que hablar con ellos sobre cómo te ven de verdad.
- Asumes demasiada responsabilidad por el trabajo, los resultados y todo lo que eso implica, de modo que cuando hay un fallo, siempre lo consideras culpa tuya. Tienes que llevar sobre los hombros solo tu carga de liderazgo y ser responsable por tus propios actos, permitiendo al mismo tiempo que los demás asuman sus propias responsabilidades.

Como ves, estos obstáculos pueden ralentizar tu progreso y tu crecimiento como líder, pero las acciones pueden hacerte avanzar sobremanera para que dejes de atacarte a ti mismo y para que los reemplaces con correcciones afectuosas de las que todos podemos beneficiarnos y que todos podemos utilizar.

Ya que hemos lidiado con la ansiedad, la ira, la tristeza, la culpa y la vergüenza, es importante reseñar que estoy describiendo experiencias *normales* que se pueden tener con estas emociones y acciones *normales* que se pueden acometer para resolverlas. Sin embargo, en ocasiones estas emociones pueden llegar a ser muy intensas y dolorosas, y a no resolverse con el tiempo. Si has seguido estas recomendaciones y descubres que esos sentimientos aún perturban tu vida y no se alivian con el paso del tiempo, puede ser que el problema que señalen tenga raíces más hondas o más serias de lo que pensaste. Eso quiere decir que tienes un problema médico, en cuyo caso hay una herida o un déficit emocional que necesita la ayuda profesional de la psicología, que te ayudará a sanar. Sé que son muchos los líderes de todo el mundo que han obtenido grandes beneficios personales de la psicoterapia y que han descubierto que su trabajo y sus resultados también han experimentado esos grandes beneficios.

Emociones positivas

Ahora quiero explorar tres de las emociones positivas primarias que experimentan los líderes. Al igual que ocurre con el resto de las emociones, los sentimientos positivos funcionan como una señal. Es decir, que no son un fin en sí mismos, de modo que es tan importante, con las emociones positivas como con las negativas, comprender lo que significan para ti y tu liderazgo.

Calidez afectiva: me siento atraído por esta persona

La calidez afectiva es un sentimiento que nos empuja a aproximarnos a las personas que nos importan y a interactuar con ellas. La calidez afectiva puede existir en cualquier clase de relación: romántica, de amistad o de familia. Es simplemente una emoción que te hace desear estar cerca o en presencia de otra persona. Puede empujarte a mantener una conversación satisfactoria con tu esposa, un rato maravilloso de juego con tus hijos, una noche estimulante con la persona con la que sales o una salida a correr con un amigo. La calidez afectiva hace que volvamos a conectar con nuestra gente.

Como líder, podrías estar tentado a pensar: *Si no está roto, no lo arregles. ¿Por qué analizar el calor emocional? Limítate a disfrutarlo.* Desde luego se trata de una emoción que debe ser apreciada y experimentada, pero también hay un valor escondido en comprender qué es lo que ese calor emocional te está diciendo. Básicamente, la calidez emocional señala que esta persona te aporta bienestar, que te proporciona cosas que necesitas, una parte del combustible emocional que necesitarás de una forma u otra a lo largo del resto de tu vida. El calor emocional te ayuda a prestar atención a ese combustible para que no seas negligente con él.

Piensa en la última buena comida que hayas disfrutado en un restaurante. Seguramente ese pensamiento te empuja a hacer planes para volver. La comida te aportó combustible del bueno, y el calor emocional te recuerda que debes volver a las conexiones que tienes.

Como seguramente sabes, los líderes son vulnerables en cierto modo a ser adictos al trabajo o a estar demasiado orientados a las tareas. Las exigencias de las empresas y los horarios pueden consumir cantidades ingentes de tiempo, y es fácil quedarse sin energía y distanciarse de la gente a la que necesitas y que a su vez te necesita a ti. El calor emocional te recuerda la importancia de las relaciones. Hace que desees conectar, hablar, tener intimidad y preocuparte por alguien que, a cambio, se preocupa por ti. A mí mismo me ocurre, cuando estoy trabajando y estoy en un avión para ir a dar una conferencia, me encuentro pensando en las personas a las que me voy a dirigir, y cómo espero que se puedan beneficiar de lo que voy a contarles. Sentir una alianza con la audiencia me ayuda a olvidarme de mí mismo y a pensar en cómo ayudarles en su vida y en su carrera. Es un ejemplo de calor emocional en acción en el ámbito personal.

En términos de trabajo en una organización, he presenciado repetidamente cómo la ausencia o la presencia de calor emocional afecta el funcionamiento de un equipo o de toda la cultura de una organización.

Un cliente mío que dirige una importante firma era un tipo estupendo, con un alto nivel de integridad y compromiso con su gente, pero no tenía lo que podríamos llamar gentileza en sus relaciones. No quiero decir con esto que debería pasarse horas cantando *kumbayá* con su gente, pero necesitaba suavizar el estilo en el que se relacionaba con los demás, tan marcado por las tareas. Con demasiada frecuencia, al dirigirse a una persona del equipo, pasaba directamente al modo tarea: «¿Has acabado el informe de Smith?».

Ni un saludo, ni un preámbulo, ningún interés por la otra persona. Mientras su gente respetaba su integridad y sus valores, siempre se sentían ansiosos cuando aparecía en la oficina. Mi cliente se quedó muy sorprendido y afectado cuando le di esta información, e hizo dos cosas para arreglar la situación: (1) Empezó a destinar un par de minutos a charlar con su gente, a preguntarles qué tal les estaba yendo el día o cómo estaban sus hijos. (2) Periódicamente invitaba a su gente a tomar café o a comer sin que fuera una cita de trabajo. Aun antes de que empezase a expresar ese calor, la empresa iba estupendamente, pero con aquellos cambios, el desempeño y el trabajo de equipo creció aún más. Para su equipo fue como si tuvieran un «jefe nuevo».

Si el calor emocional no es algo que experimentes, digamos, con regularidad, considéralo un problema. Por supuesto que tenemos que trabajar, concentrarnos, crear estrategias, solucionar problemas, motivar e inspirar. Estas son las bases del liderazgo orientadas a las tareas. Pero si por otro lado no hay algunos momentos del día en los que se tengan sentimientos cálidos, tendrás que considerar algunas posibilidades. Una es que careces de un sistema de apoyo en tu vida (abordaremos este asunto más en profundidad en la parte IV), y por eso estás en cierto sentido apartado y desconectado. Otra es que experimentas dificultades para dejar que alguien entre en tu círculo, o para confiar en esas personas emocionalmente, de modo que cortas la posibilidad de sentir ese calor emocional para sentirte a salvo de resultar herido. Esto puede indicar una necesidad de consejo profesional que te ayude a aprender a abrirte con seguridad. Otra posibilidad es que pongas un valor tremendamente alto a la consecución de tareas y un valor demasiado bajo a las relaciones; te sientes más cómodo haciendo que relacionándote. Si este es el caso, es posible que necesites reorientar tus valores de modo que, mientras que el rendimiento siempre debe ser la clave, la relación sea un segundo cercano y necesario.

Satisfacción: siento que valió la pena el esfuerzo

La satisfacción es una emoción que se relaciona con el trabajo, los logros y el desempeño. Es un sentimiento de satisfacción por haber completado una tarea de la que nos sentimos orgullosos. Podemos mirar hacia atrás, contemplar el logro y decirnos a nosotros mismos: *valió la pena el esfuerzo*.

Los líderes disfrutan y saborean esos momentos. Son una celebración silenciosa, reflejo del esfuerzo que han realizado y de los resultados que se han alcanzado. Puedes sentirte satisfecho con las ganancias obtenidas en un trimestre, con un proyecto en construcción que ahora se ha completado, un proyecto que tu equipo ha llevado a cabo de manera brillante, o un problema complicado que has ayudado a alguien a superar en tu pequeño grupo y que ahora le permite tener una vida mejor.

¿Qué señala la satisfacción? Creo que esta emoción señala dos cosas. La primera es ¡que ahora puedes parar! El trabajo y el liderazgo necesitan un momento de clausura. Debe haber un momento en el que sepas que una tarea se ha concluido, tanto si has invertido cinco minutos en ella como si han sido cinco años. No puedes mantener el paso sin fin, sin que la satisfacción te diga que ya puedes descansar y pasar la página. Cuando los líderes no experimentan satisfacción, a menudo se tornan frenéticos e impetuosos. Son productivos hasta cierto punto, pero eso al final es una receta para el agotamiento y la angustia.

La otra dirección en la que la satisfacción nos señala es que el trabajo y el liderazgo deben aportar una medida de plenitud y alegría. Tu éxito debe ser causa de satisfacción. La emoción en ese caso sirve como indicador de que la vida puede ser buena, y que puedes continuar por el camino al próximo desafío. Sin esa emoción, el trabajo se volvería soporífero. La satisfacción es una señal de que estás produciendo algo de valor y que vas a seguir haciéndolo.

Una empresa con la que trabajé tuvo un día de magnífica recompensa tras años de trabajo estratégico. La CEO estaba comprometida con compartir su satisfacción con el equipo. Celebró el logro entregando un bono sustancial y un viaje a un resort. Su equipo es uno de los más leales que conozco.

Felicidad: tengo una sensación de bienestar y contento

Mientras que la satisfacción es el sentimiento asociado a los resultados y los logros, la felicidad es la emoción que se activa con cualquier cosa buena que te ocurra. No tiene nada que ver con si has logrado algo o no. Es decir, la felicidad es la sensación de bienestar y contento en general.

De todas las emociones que tienes, la felicidad es la que más depende de tus circunstancias y la que menos depende de ti como persona. Es básicamente una respuesta ante las cosas positivas que te ocurren: un trabajo con el que disfrutas, un matrimonio que te llena, un hijo al que le va bien, una organización sin fines de lucro con la que te has involucrado, un entretenimiento divertido, el buen tiempo, una buena comida, una película divertida. Los sentimientos de felicidad simplemente acompañan a los eventos felices. No hace falta mucho carácter o madurez para sentirse feliz cuando ocurren acontecimientos felices.

Hay personas predispuestas a ser felices, personas que, simplemente, tienen un enfoque emocional positivo. No les molestan las cosas que molestan a otras. No es que lo nieguen, o que finjan en sus adentros. Es que de verdad sienten así. La mayoría del tiempo es porque han experimentado un largo patrón de amor significativo y relaciones seguras, y esas experiencias tienden a proporcionar un punto de vista más feliz. Pero no vamos a centrarnos en eso aquí, porque estamos tratando más con el sentimiento puro de la felicidad en sí misma.

¿Cómo se aplica la comprensión de la felicidad a tu vida de líder? ¿Cuál es el mensaje principal con el que podemos quedarnos? El primero es identificar qué es lo que nos ha hecho felices durante esos minutos y *dar las gracias por ello*. La gratitud implica que aprecias lo que te acaba de pasar. No lo pasas por alto, ni lo ignoras, ni lo das por hecho. No dices «bueno, y ¿ahora qué?» y pasas a otra cosa. Experimentas agradecimiento por ello. Le dices a la gente que estuvo involucrada en el evento lo mucho que aprecias lo que han hecho. Verdaderamente es importante tener la disposición para «detenerse y oler las rosas». La gente que no se toma el tiempo necesario para sentirse feliz con las bendiciones de su vida se encaminan a los remordimientos e incluso al aislamiento de los demás.

El segundo mensaje fundamental es que esa felicidad sirve como refuerzo para seguir adelante con lo que estés haciendo. Si estar en contacto con personas interesantes y comprensivas hace que te sientas feliz, seguramente seguirás estando en contacto con ellas. Si investigar un concepto de *marketing* te hace disfrutar, seguramente seguirás por ese camino. La felicidad refuerza lo que la haya generado en un primer momento.

Y es de esperar que lo que te aportó ese sentimiento de felicidad sea algo saludable, valioso y bueno para ti.

El tercer mensaje fundamental es que la gente seguirá la felicidad que vea en ti, en su líder, más que tu infelicidad. Si eres consciente y aprecias el bien que hay a tu alrededor, la felicidad será contagiosa para aquellos que te siguen. Es posible que decidan irse a trabajar a otro sitio, pero de modo natural la gente gravita hacia lo positivo. De nuevo he de decir que no estoy hablando de una farsa idealizada de la felicidad. Los líderes felices son también honrados, auténticos, directos y realistas. Estos rasgos van juntos sin entrar en conflicto. De hecho, los individuos felices tienden a no ser conscientes de que lo son. Simplemente, lo son. Si alguien les pregunta: «¿Eres feliz con lo que haces?», puede que tengan que quedarse pensando un momento, pero luego dirán: «¡Supongo que sí!».

Tengo una amiga que trabajó durante muchos años en un puesto de responsabilidad en una corporación. Se sentía feliz allí, y había alcanzado una gran cota de éxito. Decidió marcharse un tiempo para dedicarse a otras cosas. Sin embargo, cuando le ofrecieron volver a la acción con el cargo de CEO en una nueva fusión, aceptó. Estábamos hablando de su decisión y me dijo: «Cuando decidí aceptar, llamé a varias personas que habían estado en mi antiguo equipo para reclutarlas. Cuando les hablé de la nueva empresa, se mostraron dispuestas al cambio. La empresa anterior había sido una gran experiencia para todos nosotros».

Me recordó a la película *Ocean's Eleven*. Danny Ocean recluta a sus viejos amigos para planear un delito importante y el equipo se reúne para ejecutarlo. Al igual que Danny, mi amiga no tuvo ningún problema para reunir a su antiguo equipo. Habían pillado el virus de la felicidad de ella y sabían que su felicidad sería también la de ellos.

El cuarto mensaje importante es que la falta de felicidad puede ser síntoma de que necesitas hacer cambios. Si te sientes fatal en tu trabajo, haz los cambios que puedas para mejorar las cosas. Si como líder no eres feliz, averigua si hay alguna habilidad, competencia o curso de orientación o entrenamiento que te pueda ayudar. Esto no significa que vayamos a interpretar cada sentimiento negativo como un signo de que algo va mal. Una conversación áspera y directa entre dos personas de una empresa puede resultar muy incómoda y no particularmente feliz, pero puede acarrear un bien importante. La cuestión es que hay que prestar atención a la infelicidad y localizar su origen, al igual que hacemos con el resto de emociones.

Una vez dicho esto, debo advertirte de algo: *la felicidad es una experiencia valiosa, pero un objetivo mezquino*. Bórralo de tu lista de objetivos y reemplázalo con otra cosa. Presente en su debido momento, por ejemplo, en una celebración de gratitud y apreciación del bien, la emoción de felicidad es un beneficio real. Es una fruta, un resultado del bien, pero no funciona si nos centramos en la felicidad como un objetivo. Hay una frase que oigo de muchos líderes: «En la vida solo quiero ser feliz». Por supuesto que entiendo el deseo, pero la felicidad como fin último no conduce a ninguna parte, o aún peor: puede conducir a problemas en la vida y en el liderazgo.

Para alcanzar tus objetivos fundamentales en la vida, tendrás que experimentar infelicidad. Lo que de verdad es importante en la vida, y en el liderazgo intuitivo, tiene que ver con los valores que exploramos en la primera parte. Estos valores aportan sentido y finalidad a la vida. Son más grandes que tú, existían antes que tú y seguirán existiendo mucho después de que tú te hayas ido. Dan sentido a tu vida, y requerirán diligencia, conflicto, debate acalorado, confrontación, gratificación aplazada, paciencia, fracaso, perseverancia y trabajo. Nadie que construya una gran organización, que conduzca a la gente a un objetivo meritorio, que construya un matrimonio dichoso o haga un buen trabajo con sus hijos lo logrará sin pasar por una significativa cantidad de infelicidad en el camino. Para la gente que acomete una vida plena de significado y objetivos, perder un poco de felicidad en el camino es un precio pequeño que se debe pagar. El logro final y los resultados aportarán a la postre toda la felicidad que puedan necesitar.

He aquí otro modo de entenderlo: hay dos grupos demográficos cuyo objetivo central es la felicidad, los niños y los adictos. Ambos viven por el placer del momento. Quieren sentirse bien. Quieren que les ocurran cosas positivas. Evitan las negativas y la infelicidad, y no son capaces de decir que no a sus deseos. Para ellos, el único periodo existente es el ahora. Su objetivo en la vida es ser feliz.

Los niños necesitan padres que les enseñen que el mejor modo de vivir es aprendiendo a amar y a tomar las riendas de sus vidas con responsabilidad. Gradualmente irán ampliando su demanda de placer y felicidad instantánea a objetivos y hábitos significativos. Los adictos necesitan profesionales que los apoyen en su lucha, que los ayuden a encontrar sanación y entendimiento, y que les enseñen que desarrollar autocontrol y capacidad para esperar una gratificación postergada les ayudará a restaurar la vida que han perdido.

Por supuesto, como líder debes apreciar la felicidad cuando llega y mostrar felicidad a tu gente. Pero también debes pretender alturas mayores —las cosas que hacen que la vida les importe a todos los seres humanos–, tales como relaciones sanas, objetivos y significado, más que la mera felicidad.

He reparado en que hay algo interesante en la felicidad: *cuando dejas de intentar encontrar la felicidad, ella te encuentra a ti.* Esta idea no tiene nada de misteriosa. Es real. Cuando te centras en lo que verdaderamente es importante, y vives y lideras siendo congruente con tus valores, experimentas el beneficio colateral de la felicidad. La felicidad te encontrará en esos momentos de gozo que te esperan a lo largo del camino, y también lo hará cuando sientas que una vida bien vivida es una buena vida.

Concéntrate y actúa

Si quieres ser un líder eficaz necesitas elevar tu mundo emocional al mismo estatus que tu mundo intelectual. Los sentimientos no son para los niños y los momentos de debilidad, sino instrumentos poderosos que te ayudan a navegar en el mar de tus desafíos y por el camino de tu equipo, grupo u organización, así que utiliza la información y las habilidades de este capítulo para ser decidido, es decir, para centrarte en tus emociones y actuar teniendo en cuenta la información que te proporcionan. Así es como experimentarás el nivel más alto de beneficio.

No hace mucho, hablaba con un estudiante del programa que dirijo en el Townsend Institute for Leadership and Counseling, y me contó la siguiente historia: «He estado utilizando sus enseñanzas sobre las emociones en el departamento de Recursos Humanos que dirijo. A mi jefe le llamó la atención que haya podido solventar varios conflictos bastante complicados entre empleados, y todo ello ha sido gracias a que he prestado atención a las emociones. Cuando le conté que había adquirido esa habilidad en el Instituto, me dijo: "Te pago el resto de las clases"». Es un gran ejemplo de cómo el mundo de los sentimientos es crítico en el entorno laboral.

También es importante tener presente que estar conectado con el mundo emocional forma parte de la imagen general de lo que es ser intuitivo y liderar desde la intuición. Tienes que escuchar, que prestar atención a tu mundo interior, así como a las metas que te vayan saliendo al paso para ser un líder eficaz.

A continuación, vamos a centrarnos en comprender y aprovechar una emoción que tiene un peso tan específico en tu liderazgo que se merece un capítulo propio: la pasión. Todo cambiará si pones pasión en tu liderazgo.

Capítulo 7

LA BÚSQUEDA DE LA PASIÓN

Un día, iba en un avión de camino a una charla y comencé a hablar con el hombre que estaba sentado a mi lado. Cuando le pregunté en qué trabajaba, me dijo:

—Soy piloto comercial.

—Esa profesión requiere bastante preparación —le comenté.

—Requiere mucha preparación —me contestó—. Universidad, servicio militar, aviones no comerciales... en fin, todo el lote. Pero ha merecido la pena. Me gusta mi carrera.

—¿Y cómo decidió hacer la carrera de piloto? —le pregunté empujado por la curiosidad—. ¿Pasó por algún proceso de análisis, búsqueda o eliminación de otras áreas?

—No. No fue así. Simplemente me apasionaba volar. Desde que era un niño, volar era lo único que quería hacer. No hubo necesidad de eliminar nada porque no había nada más que me hubiera planteado.

Sus palabras me dejaron impresionado, y me quedé pensando un buen rato en ellas. Aquel era un hombre que, por la razón que fuese, albergaba una pasión en su interior que no había disminuido en décadas. Una pasión que le había motivado lo suficiente como para pasar años de rigurosa preparación con el fin de alcanzar su objetivo.

Como a mí me costó tiempo —cambios de dirección incluidos— encontrar por fin mi propia carrera y mi propia pasión, sentí una punzada de envidia por alguien que había tenido tan claro y tan temprano su objetivo. Algunas personas encuentran su pasión a una edad temprana, y a otras les cuesta más, pero la cuestión es que tú, como líder, debes experimentar alguna clase de pasión por lo que haces. Será eso lo que marque la diferencia entre crear una organización que estará, simplemente, bien, y otra que resultará apasionante.

Imagina que le preguntas a un par de amigos lo que piensan de una película que acaban de ver. Si tus amigos dicen «no ha estado mal», es casi seguro que no vas a salir corriendo a comprar una entrada. Pero si tus amigos dicen «¡guau! Ha estado genial», es mucho más probable que la incluyas en tus planes del viernes por la noche. La primera respuesta es aquello que calificamos como «matarnos a besos», y es el peor de los cortarrollos.

He trabajado con varios CEO que sin querer envenenaron sus iniciativas precisamente matándolas a besos. No sentían pasión alguna, y todo el mundo se dio cuenta de que no estaban comprometidos emocionalmente. Cuando trabajamos juntos en cómo acceder a su pasión interna, el equipo y su cultura mejoraron.

Tres cosas que tienes que saber sobre la pasión

El modo más fácil de comprender el papel que juega la pasión en tu liderazgo es explorando tres cosas: *qué es la pasión*, para que puedas identificarla en ti mismo y en los demás; *de dónde nace la pasión*, para que puedas comprender su naturaleza y qué la hace funcionar; y *cómo lograrla* (o lograr más), para que puedas tomar medidas para desarrollar la pasión.

¿Qué es la pasión?

Yo defino *pasión* simplemente como «deseo enfocado» o «deseo con dirección». La pasión es una emoción de gran claridad. La sientes. Puedes hablar de pasión y puedes pensar en la pasión, pero en el fondo, la sientes. Aprovecha tu interés y tu deseo de algo, y los canaliza en una dirección específica.

Un líder puede tener incontables pasiones, tantas como intereses puede brindar un liderazgo. Algunos sienten una compulsión apasionada por una compañía en Internet. Otros, por negocios al por menor. Otros, puede ser una organización en el mundo de las comunicaciones o de la salud. Algunos quieren una iglesia en expansión. Otros quieren liderar una familia feliz o un grupo pequeño pero significativo.[1]

Como con cualquier otra emoción, la pasión tiene un objeto y un papel. La pasión te dirige en una dirección específica para que no dudes y veas con claridad. Te empuja a seguir adelante, a hacer los sacrificios necesarios, a perseverar en el camino porque estás en el lugar correcto en el momento adecuado. Como la felicidad, la pasión es una emoción positiva y placentera. Sin embargo, posee mucho más foco y es mucho más específica que la felicidad. Puedes decir que eres feliz dirigiendo el departamento de Informática de tu empresa. Eso puede ser algo muy bueno, pero también significa que puedes encontrar fácilmente felicidad haciendo algo más. Pero si dices sentir pasión por dirigir el departamento de Informática, significa que es tu misión, algo que podrías definir como que *forma parte de quien soy*. Significa que sería mucho más difícil para ti encontrar esa pasión en otro lugar.

Imagina que alguien te dijera: «Hace tres años, sentía verdadera pasión por el *marketing*. Hace dos, me enamoré de la administración. El año pasado, la contabilidad lo era todo para mí. Y este, mi pasión son las ventas». Pensarías que esa persona está desequilibrada o es falsa, y seguramente estarías en lo cierto. ¿Quién iba a querer que esa persona la dirigiera? Los líderes con pasión no solo crean interés, sino que crean seguridad porque su pasión es real, de confianza, fiable. No es la emoción del mes. La pasión se mantiene enfocada como un rayo láser. Te mantiene centrado y tiende a durar mucho tiempo en tu vida, si es una pasión verdadera.

Con esto no quiero decir que una pasión *nunca* cambie. Las pasiones pueden cambiar del mismo modo que cambian las estaciones de la vida, y eso se debe simplemente a que los individuos en sí también cambian. Un cliente mío que tenía un negocio que llevaba más de veinte años con unas admirables cotas de éxito descubrió que se iba sintiendo más y más atraído por el mundo de la música. Siguió conectado con su empresa a través del consejo de administración, pero comenzó a extender sus relaciones en una industria totalmente diferente.

Esta forma de ver la pasión en desarrollo es muy distinta del problema de «una pasión por año» que he descrito antes. Mi cliente exprimió su primera pasión y lo hizo muy bien. Es decir, que muchas de las personas que experimentan sus pasiones como si fueran el sabor del año son individuos que simplemente intentan seguir adelante con algo el tiempo suficiente como para lograr el éxito.

Entonces, ¿qué función cumple la pasión para ti en el ámbito de tu liderazgo? Hace que el trabajo que supone el liderazgo, a la larga, te resulte atractivo y placentero. Cuando yo estaba en el instituto, me gustaban las carreras de larga distancia. No es que fuera muy buen corredor, pero me gustaban lo suficiente como para poder decir que era una pasión. Pero entrenar esas distancias yo solo acababa aburriéndome y cansándome, así que intenté hacer cuatro cosas distintas para no aburrirme o volverme loco. La primera fue mirar en la distancia, hacia el final del camino, para ver dónde terminaba. Pero eso me desanimaba porque el horizonte tardaba tanto en cambiar que no podía apreciar el proceso lo suficientemente pronto. La segunda fue mirar el camino justo delante de mis pies.

Esa no estuvo mal durante un tiempo, porque al menos me daba cuenta de que estaba yendo a alguna parte, pero acabó aburriéndome también, ya que se trataba de ver miles de pies –izquierdo, derecho, izquierdo, derecho–, y eso me empujaba a obsesionarme con contarlos, lo cual no resultaba nada divertido. La tercera fue pensar en otras cosas de mi vida: en mis colegas, en mi novia, la familia, los deportes, la música... pero tarde o temprano, el dolor físico de correr acababa interponiéndose. La cuarta resultó ser la mejor para mí, y fue la de prestar atención a lo que estaba ocurriendo a mi alrededor. Iba mirando el escenario, el camino, las casas... avanzaba consciente de mi respiración, del movimiento de mis músculos y de la sensación del sol sobre mi piel. Si me anclaba al presente, el tiempo me pasaba más deprisa, y eso me hacía disfrutar.

Esa es la función que la pasión cumple para ti. A lo largo de la vida vas a pasar un montón de tiempo trabajando con las personas a las que lideras. Puede que se te pase el tiempo pensando solo en el objetivo y te pierdas el momento, puede que vayas controlando las horas en una hoja de cálculo y quedes reducido a contar tus pasos. También puede que amplíes tu rango y pienses en cosas con las que disfrutes, o que preferirías estar haciendo en ese momento, y que estés ausente del presente. O la pasión puede mantenerte enganchado en el momento, en hacer algo que requiere esfuerzo pero que también te resulta gratificante y *que te proporcionará un resultado valioso en el futuro*. Con pasión, obtienes un beneficio presente y futuro. Es la mejor manera de ir.

Para que quede más claro, hay determinadas personas a las que podríamos llamar *apasionadas*. Hagan lo que hagan, se ponen a ello al ciento diez por cien. Describiría a estas personas como entusiastas o intensas, y eso puede ser muy bueno, pero no es lo que estoy describiendo aquí. La idea de la pasión que tratamos en este libro está relacionada con lo que haces, en particular en tu ámbito de liderazgo. Es un deseo de hacer lo que haces como líder.

¿De dónde viene la pasión?

La pasión se desarrolla cuando haces lo que estás diseñado para hacer. En otras palabras: hay una intersección entre quién eres en realidad y en lo que estás involucrado. En ello hay dos elementos: el externo y el interno. La actividad externa puede ser un trabajo, un proyecto, un puesto, una carrera. Pero esa actividad es un detonador que te llega a lo más hondo, y quien eres, tu verdadera persona, responde a ese estímulo. Puede que te genere pensamientos del tipo: *eso me intriga*, o *quiero probar eso un poco más*, o *podría ser bastante bueno en ello*. Pero la emoción que corresponde a esos pensamientos es pasión, y cuando sientes esa pasión, lo más probable es que encuentres el modo de involucrarte más en esa actividad.

En realidad, no puedes mostrarte apasionado por todos los trabajos o contextos de liderazgo. Los seres humanos no estamos diseñados para hacerlo todo. Así no es como funciona la vida. Nuestras habilidades, rasgos, estilos y dones son solo unos, y forman un nicho que te hace el mejor capacitado para esa actividad en concreto. Tu tarea consiste en encontrar ese nicho y adaptarlo a esa actividad.

Una vez que existe la pasión, la mayoría lo sabe. Es un poco como enamorarse, que tiene sentido porque hay pasión también en ese ámbito. No tienes que obligarte a involucrarte en ese trabajo, sino que te encuentras pensando en él, sintiendo curiosidad por él, tratándolo en tus conversaciones. La disciplina contribuye a la pasión, pero la disciplina no es un sustituto de la pasión.

Yo tengo un amigo que ocupa un rango elevado en el ámbito de la propiedad inmobiliaria. Cuando ese mercado estaba pasando por un momento difícil hace unos años, mi amigo estaba en una posición que requería liderar, formar y motivar a muchas personas. Cuando le pregunté en aquel momento qué tal le iba, me dijo: «Estamos atravesando momentos duros. A diario tengo que tomar decisiones difíciles, pero sigo levantándome cada mañana pensando formas nuevas de seguir avanzando y de que mi gente siga siendo productiva. Me encanta este negocio, y me encanta trabajar con mi equipo. Eso es lo que me motiva».

Este es un gran ejemplo de la verdadera pasión, un sentimiento que viene de lo más hondo de una persona y que no se ve apagado por las circunstancias difíciles. De hecho, como todos los grandes líderes saben, las circunstancias difíciles pueden desencadenar tu pasión, recordarte quién eres y lo que tienes entre manos, y ayudarte a perseverar. La pasión es lo que te «empuja» en momentos de prueba.

¿Cómo logramos la pasión?

Quizás puedas identificarte con mi amigo del negocio inmobiliario. Puede que adores lo que haces y que, cuando no lo estés haciendo, sueñes despierto con ello, ya se trate de dirigir tu departamento, tu equipo, tu empresa, tu iglesia o tu pequeño grupo. No necesitas anotar en tu lista de tareas diarias «pensar en modos de motivar a mi gente», porque lo tienes ahí, en tu mundo interior. Si este es tu caso, y si tu pasión es la adecuada

–si posees las habilidades y la fortaleza necesaria–, eres muy afortunado. Sigue por ese camino.

Sin embargo, si sientes que aún no has descubierto tu pasión, o si quizás ha llegado el momento de buscar una nueva, te ofrezco varias cosas que puedes hacer para ir en su busca. Si eres un líder, necesitas en realidad dos pasiones: *una pasión por algo que se te da bien y en lo que eres competente*, y otra *pasión por dirigir a los demás en ese ámbito*. Y en este sentido, el orden es el siguiente: tu propia pasión va primero y la pasión en tu liderazgo, después. Tienes que empezar por ti mismo porque, si no has encontrado algo que adores, no hay modo de que puedas liderar a los demás en ello. Podrás organizarlos, guiarlos y asistirlos, pero no podrás aportar inspiración, entusiasmo y productividad cuando no tienes el jugo tú mismo.

Imaginemos que alguien te llama y te dice:

–Me gustaría ser un líder.

Una de las preguntas que seguramente harías a esa persona sería esta:

–¿A qué te dedicas?

Si su respuesta fuera:

–A nada en particular. Solo quiero dirigir a la gente.

En este caso, seguramente no le buscarías a esa persona un hueco en tu equipo. Le dirías algo así:

–Aprende primero a ser muy bueno en algo. Luego vuelve, y hablaremos.

¿Quién va a querer ser liderado por alguien cuya única pasión es liderar a los demás... en qué?

Una excepción pueden constituirla los ejecutivos corporativos que tienen una formación académica y experiencia en liderar una compañía. Tienen la capacidad, recabada en años de trabajo, de pasar de lidiar una compañía en una industria a liderar otra en un área completamente diferente. Su pasión por hacer algo bien puede ser la misma que su pasión por liderar a otras personas, que es lo que hacen los ejecutivos corporativos. Pero la mayoría de ellos son personas multidisciplinares y altamente competentes. Tienen una aguda comprensión de las finanzas, el *marketing*, la contabilidad, las estrategias, los recursos humanos y demás, pero incluso ellos deben empezar por sí mismos y luego pasar al liderazgo.

¿Te acuerdas del piloto del que te hablé que era un apasionado de su trabajo? Pues sigue su huella pensando primero qué es lo que te gusta, lo que disfrutas haciendo, y lo que te gusta por su naturaleza intrínseca. Esta es la parte interna. Puede ser la docencia, la administración, la construcción, los ordenadores, las ventas, el arte, la música o la teología. Considera no solo el presente, sino también el pasado y tus patrones. En la historia de tu vida, ¿qué ha sido un deseo constante en ti? No es este el momento de pensar en términos prácticos, como *no puedo dejar mi trabajo por algo así*, o *no tengo talento para eso*. Estas consideraciones puedes ser importantes, pero no puedes anteponerlas. Sería una secuencia equivocada. Lo primero debe ser encontrar, buscando en el fondo de tu corazón, qué es lo que te gusta hacer. La realidad práctica debe venir después.

En segundo lugar, debes hacer acopio de experiencia. Esa es la parte externa. Debes hablar con la gente, probar cosas, explorar las oportunidades; da igual cómo lo hagas, pero debes reunir experiencia en el área que te apasiona. Y cuanto más activa, frecuente y variada sea, más capaz serás de lograr algo que tenga sentido. Tu verdadero yo está esperando ser descubierto, y tu tarea es encontrar cuantas más experiencias puedas para que entre en contacto y dispare la pasión. Esta es la fórmula básica para descubrir y aprovechar tu pasión: *mira dentro de ti; luego sal e intenta cosas*.

A continuación, haz lo mismo con el liderazgo. Averigua qué es lo que te gusta del liderazgo y obtén la experiencia. La gente apasionada por el liderazgo es consciente de lo que les motiva: ver cambios en la vida, ver el resultado del trabajo en equipo, ayudar a la gente a lograr lo que en condiciones normales no podría, tener una visión, solucionar problemas. Y buscan contextos en los que operar: corporativo, caritativo, familiar, de crecimiento personal, religioso. Esa parte es simplemente un juego numérico, un juego con el que ganar valiosas experiencias.

Obstáculos para identificar y sostener una pasión

Si has identificado lo que adoras y has trabajado para obtener la experiencia necesaria pero aún te resulta difícil identificar o mantener una experiencia intensa de pasión, podría ser que tuvieras algún obstáculo que superar. A continuación, identifico algunos con los que muchos líderes se han encontrado, así como algunos pasos que puedes dar y que te ayudarán a sortearlos.

Dependencia de la fuerza de voluntad

Puesto que los líderes suelen ser personas muy disciplinadas y estructuradas, a veces intentan *doblegar* su pasión. Es decir, que trabajan muy duro en algo que piensan que *debería* inspirarles pasión. Lo estudian diligentemente, asisten a cursos, buscan mentores, se hacen analizar y con toda sinceridad intentan crear una pasión. Y ese es precisamente el problema. No puedes crear una pasión que no tienes, ni tampoco obligarte a sentirla. Simplemente tienes que encontrarla. Así somos los seres humanos.

Tengo un amigo que estaba en el puesto más alto del mundo de los seguros. Era propietario de una pequeña empresa a la que le iba estupendamente. Cualquiera que lo viera diría que sentía pasión por lo que hacía, y así era, en el negocio de los seguros en general. Pero lo que no le inspiraba nada en absoluto era el puesto que ocupaba él. Había trabajado muchos años como propietario, pero no disfrutaba de las cargas que tiene que soportar el propietario de una empresa. Al final, en un movimiento que suponía ir en contra de la sabiduría más convencional, vendió el negocio y entró a trabajar en una compañía de seguros mayor. Allí también está en lo más alto, como su vendedor número uno. Le encanta interactuar con la gente y disfruta estructurando soluciones a problemas complicados que ayudan a todos los implicados. Su nivel de competencia no ha cambiado, pero ahora le apasiona su trabajo. ¿Por qué? Pues porque ahora tiene una infraestructura de apoyo espléndida y una organización de respaldo que le permite liberarse para centrarse en lo que mejor se le da, que es vender. Decidió no seguir golpeándose la cabeza contra la realidad de no sentir pasión por ser empresario. Se escuchó a sí mismo, escuchó a su experiencia y a la realidad, e hizo el movimiento adecuado para él.

Lo menciono porque normalmente la historia de la pasión tiende a desarrollarse en la otra dirección: la persona corporativa quiere tener un pequeño negocio propio, o quiere ser artista, músico o ministro de la iglesia, pero el ejemplo de mi amigo demuestra que no se puede escoger la pasión. Solo puedes encontrarla. Así que no intentes obligarte a sentir pasión. Búscala. Utiliza tu fuerza de voluntad y tu disciplina para mantener la estructura en el proceso de descubrimiento.

Una visión idealizada de la pasión

Hay ocasiones en las que una persona simplemente no tiene la oportunidad o la posibilidad de vivir de su pasión o de su carrera. A veces hay otras realidades que impiden que podamos vivir nuestra pasión, como un problema de salud que nos obliga a cambiar de trabajo, una pasión que no puede pagar las facturas, un trabajo en el momento actual o una economía que nos obliga a aceptar un trabajo que no es la mejor opción durante un periodo de tiempo.

No hay duda de que es necesario prestar atención a esas realidades. Si has hecho cuanto ha estado en tu mano durante un largo periodo de tiempo, si has buscado diligentemente un trabajo en el ámbito que te apasiona, y si por alguna razón legítima no puedes experimentar pasión en tu tarea actual, es posible que tengas que adaptarte y cambiar. No es responsable ni es un gesto de amor que tu familia tenga dificultades indefinidamente mientras tú persigues tu sueño. Si tu sueño tiene un objetivo fijo y a corto plazo, por ejemplo, cursar medicina o un máster, eso es diferente. Si no es así, tu familia debe ser lo primero y sus necesidades, tu prioridad.

Este escenario a menudo involucra una visión limitada de la pasión que es muy idealista. Crees que tu trabajo debe despertar tu pasión. Es cierto que debe haber *algo* que suscite tu pasión, pero a veces no es el trabajo, de modo que en ese caos debes buscar otras vías para experimentarla: trabajar con niños, comedores sociales, pasatiempos, arte, ser el mentor de otros, los deportes y cosas por el estilo. La gente lo hace constantemente, y hay personas que llegan a ser grandes líderes en sus vocaciones porque ese es el contexto en el que puedes desarrollar su pasión y ayudar a los demás.

Problemas emocionales para marcharse de casa

Muchos líderes no son capaces de acceder a su pasión porque tienen inacabada la tarea de abandonar emocionalmente su casa. No pueden acceder a su verdadera persona, al ser humano que son en realidad, porque esa persona aún no es accesible. Esta es una de las principales dificultades del liderazgo en la realidad interior. Tienes que partir de tu propia realidad y de la de nadie más. Ese viaje es solo tuyo.

Como niños fuimos diseñados para recibir compasión, seguridad, estructura y sabiduría de nuestros padres. Durante ese proceso, nos identificamos con ellos y sus pasiones. Una niña va a trabajar a la oficina de su mamá y juega con el ordenador, pretendiendo ser ella. Un niño va a la obra en la que trabaja su padre y utiliza un martillo de plástico para golpear. Esta identificación ayuda a los niños a desarrollar las habilidades y capacidades necesarias para enfrentarse a la vida adulta. Ven así que el trabajo es una gran parte de la vida, que es normal y que se puede disfrutar de él, tiene un peso específico y lo necesitamos. Es lo que hacen las personas.

Después, los niños comienzan a sentirse lo bastante seguros como para desarrollar sus propias pasiones, diferentes a las de sus padres. Se ocupan en un interés o en un pasatiempo que sus padres pueden no tener. Sus padres alientan este interés, lo apoyan y encuentran el modo de ayudar a sus hijos a hacer crecer esa pasión. Luego, cuando los chicos se van de casa, están equipados para descubrir actividades que activen su pasión última por su trabajo y su carrera.

Yo siempre les estaré agradecido a mis padres, a quienes he dedicado este libro, por considerar que era su trabajo equipar a sus cuatro hijos, en lugar de decirles lo que debían hacer. Nos animaron a probar cosas diferentes, desde negocios, pasando por sanidad, y llegando a intereses artísticos. No tenían un plan maestro para nosotros. De hecho, ya siendo adultos, mis tres hermanos y yo hemos vivido todos en distintos estados y hemos seguido carreras y tomado caminos diferentes. Nos preocupamos los unos por los otros y nos mantenemos en contacto, pero cada uno ha encontrado su propio lugar y su propia pasión. Mi madre me contó una vez que sus amigas le dijeron en una ocasión que si no sentía tristeza porque sus hijos estuvieran todos tan lejos. Ella me dijo: «Mis amigas lo sienten por mí, pero es que no entienden. Echo de menos verlos tanto como me gustaría, pero estoy muy feliz porque han encontrado lo que quieren en la vida».

Así es como debería ser siempre. Pero a veces, sin ser conscientes de ello, los padres desaniman a sus hijos de tener ideas, sentimientos y pasiones que sean diferentes a las propias. Piensan que sus hijos deberían seguir sus pasos. O, aunque se trate de un camino diferente al suyo, *refleja la pasión del padre para el niño, y no la del propio niño*. Y ese es el problema. Tu pasión solo pude emanar de ti. No se puede heredar.

El trabajador manual le dirá a su hijo: «Tienes que ser médico para que no tengas que ensuciarte las manos como yo». El ejecutivo corporativo le dirá: «Ten tu propio negocio. Yo nunca he tenido la suficiente independencia». El propietario de un negocio dirá: «La gente te importa mucho. Hazte profesor». Estos enfoques no abren las puertas de la pasión, sino que las cierran.

Se vuelve particularmente problemático si los padres se resisten a que el niño sea una persona independiente en otros sentidos. Por ejemplo, a veces solo muestran su cariño y su apoyo si el niño les presta atención, si accede a sus demandas y es positivo con ellos. Consideran que los intentos de pensar de modo distinto, de mostrar su desacuerdo y tener intereses diferentes a los propios como una falta de amor y lealtad hacia ellos, y pueden criticar, retirar su afecto, manipular o mostrarse incomunicativos. El mensaje llega claro de este modo: *tú eres un Smith, y tu pasión es la que los Smith tienen para ti.*

Al final, los jóvenes adultos que salen de familias así no tienen una personalidad completamente desarrollada y auténtica, y tampoco tienen acceso a la pasión verdadera. En lugar de eso, siguen el trabajo y la senda vital que piensan que es mejor para ellos porque es la que sus padres alimentaron, pero después, con el paso del tiempo, aun cuando puedan llegar a ser muy buenos en su cometido, en el fondo no pueden hacer suya la carrera elegida porque su vida interior aún no ha salido de casa. Emocionalmente siguen fusionados con sus padres.

He trabajado con muchos líderes que han tenido dificultades en este sentido. Acuden a mí en busca de guía, pensando que han elegido el trabajo equivocado. Entonces descubren que había sido un diagnóstico prematuro porque lo que pasaba en realidad era que no estaban equipados por dentro para saber cuál era el «trabajo adecuado». Su pasión aún no era accesible. Entonces aprenden el proceso de crecer y llegar a ser ellos mismos. Aprenden a ser más sinceros con sus propios pensamientos y sentimientos, aunque no participen de la línea familiar. Aprenden a honrar a sus padres sin obedecerlos, aprenden a correr riesgos y sondear oportunidades, y la mayoría, con el tiempo, terminan el proceso, dejan el hogar de sus padres (en un proceso interno, aunque hay algunos que tienen que hacerlo físicamente) y buscan su propia vida emocional y su pasión.

Aunque esto sucede, hay también muchos ejemplos de personas que siguen la senda de uno de sus progenitores y les va bien así, pero normalmente, en algún momento, llega la ocasión en que tienen que enfrentarse a la pregunta: ¿este soy yo?

Es de una gran importancia abandonar emocionalmente el hogar de los padres y ser tú mismo para llegar a experimentar tu pasión. Entonces y solo entonces puedes encontrarte a ti mismo y ser la persona adecuada en el lugar adecuado y en el momento adecuado para desarrollar tu liderazgo.

Incapacidad para tolerar la pérdida de opciones

A veces las personas no consiguen acceder a su pasión, aun después de haber probado montones de trabajos y experiencias, y esto resulta muy descorazonador, ya que además el tiempo no es benévolo con estos individuos. A medida que se van haciendo mayores, se preguntan si alguna vez lograrán aterrizar en lo que les gusta, o si estarán destinados a seguir pasando de un comienzo a otro, una y otra vez. Estas personas se esfuerzan de verdad, y es muy duro para ellas no perder la motivación y el ánimo.

Con frecuencia son personas altamente competentes y, sobre todo, de *muchos talentos*. Esta característica es importante aquí. Se les da bien la gente, los números, el *marketing*, el arte, los ordenadores, todo. Y cuando acuden a mí, me dicen: «Eso es lo peor de todo. Tengo un montón de capacidades, y disfruto con un montón de cosas. Eso hace que sea todavía más difícil elegir qué hacer».

Es un problema cierto, pero en la mayoría de las ocasiones, no es *el* problema. Si lo fuera, si fuera de verdad el problema, la persona podría cambiar en algún punto del tiempo varias cosas buenas por algo mejor y sentirse feliz con esa pasión. O incluso consideraría dos cosas igualmente buenas y escogería una solo para seguir adelante. O encontraría, después de una búsqueda, un entorno en el que poder hacer varias cosas bien (el ejecutivo del que hablaba antes es un buen ejemplo). Pero su deseo de seguir adelante con la vida sería mayor que su deseo de hacerlo todo el tiempo.

Si esas soluciones no funcionasen, creo que el *verdadero* problema no es el don de tener múltiples habilidades y múltiples pasiones; es más bien una cuestión de ser capaz de tolerar la pérdida de opciones. La vida y el liderazgo requieren renunciar a cosas buenas y a oportunidades interesantes para poder elegir el mejor camino. Sería fácil si las alternativas fueran horrorosas: ¿quieres este trabajo con un salario de hambre y un rincón en el sótano, o este otro con el despacho de la esquina y el magnífico ventanal? ¡En ese escenario, la pasión resultaría evidente!

Un aspecto del crecimiento y la madurez del carácter es la capacidad de perder lo bueno para obtener lo mejor. Esto requiere que aprendas habilidades invaluables como el compromiso, el autocontrol, la paciencia, la adaptación, el riesgo, el dejarlo ir, la tristeza, la aceptación de las limitaciones y la pérdida, y profundizar más en lugar de abarcar mucho. Es la forma en que las personas tienen éxito a largo plazo en el juego de la vida.

Cuando uno de mis hijos estaba en el último curso del instituto, pasó por el ritual de la elección de una universidad. Pasó meses investigando, entrevistándose y recorriendo campus de varias universidades. Él disfrutó esa parte del proceso. Pero cuando fueron varias las universidades que lo aceptaron, la diversión se acabó. Tener tantas opciones lo agobió. Una facultad con treinta mil estudiantes implicaba renunciar a un entorno más íntimo y acogedor. Una facultad que se especializara en empresariales significaba que su programa de artes no era gran cosa. Sus amigos más íntimos iban cada uno a una universidad de modo que daba igual lo que escogiera porque iban a separarse. Un día me dijo: «Ojalá solo me hubiera aceptado una universidad. Habría sido mucho más fácil». Pero así es como crecemos. Tenemos que decir no a lo bueno y decir que sí a lo mejor.

Este mismo problema lo ves a veces en los solteros que tienen miedo de comprometerse en una relación más seria. O algunas personas que tienen este mismo problema de *pérdida de opciones* en cuanto a la elección de dónde vivir. Pero no confundamos estos problemas con tener muchas opciones o montones de habilidades. Empieza mejor ocupándote de lo mal que te sientes cuando tienes que decirle que no a cosas buenas y alejarte de ellas. Aprende a tolerarlo, y verás cómo identificar tu pasión será más fácil.

Como dice el poeta Robert Frost:

> Dos caminos divergían en un bosque amarillo,
> Y pesaroso al no poder viajar por ambos
> Y ser un solo viajero, largo tiempo me detuve
> Y escudriñé uno tan lejos como pude
> Hasta donde se perdía entre la maleza.
> Luego tomé el otro, también ameno y llano.[2]

Todos hemos de enfrentarnos, con tristeza, a tener que elegir un camino y decirle adiós a otro. Pero vale la pena. Es «también ameno y llano». Y es la manera en que los líderes superan este obstáculo para identificar su pasión.

Perfeccionismo

El perfeccionismo es un problema similar al de la pérdida de opciones. Cuando tienes dificultades para aceptar la realidad y solo te sientes bien cuando tu situación es ideal, puedes quedarte paralizado en el momento de elegir una pasión. Cuando el ideal es una exigencia en lugar de un objetivo, el ideal se transforma en enemigo de lo real. Elegir una pasión es escoger algo que no es perfecto. Puede significar aceptar un traba-jo que tiene problemas o casarse con una persona que tiene defectos. También puede significar instalarse en una curva de aprendizaje en la que te ves obligado a cometer un montón de errores y asumir tus propias imperfecciones. Los perfeccionistas suelen posponer su compromiso con una pasión. Les asusta menos pensar en sí mismos en términos de potencial y brillante futuro que lanzarse al agua y hacer frente a la realidad de sí mismos, que no siempre es agradable. La única solución es renunciar al ideal como objetivo irrenunciable y considerarlo un objetivo. Entonces puedes entrar en la realidad y aceptar lo que es de verdad con la finalidad de lograr el éxito en un mundo que es real.

Esta es la razón de que los mejores líderes nunca sean «perfeccionistas». Creen en la excelencia y la calidad, y tienen estándares muy elevados, pero saben enfrentarse a las realidades sobre sí mismos y sobre aquellos a los que lideran, con cortesía y paciencia. Nadie puede sobrevivir a un líder perfeccionista durante mucho tiempo sin desanimarse o simplemente acabar desintonizado o fingiendo. Como líder, mantén clara la distinción entre excelencia y perfección, en tu mente y con aquellos que se miran en ti.

Respeta tus emociones

Espero que ahora te sientas más equipado y más cómodo para dar a tus emociones el respeto que se merecen en el liderazgo. Han de salir de las sombras y ser empleadas como los fuertes aliados que pueden ser en el proceso de influir y hacer cambios en tu organización. Los líderes de más éxito con razón *y* sentimientos.

En la cuarta parte, seguiremos explorando las emociones, pero dentro del contexto de cómo te relacionas y conectas con los demás. Tu mundo relacional, una parte esencial de tu mundo interior e intuitivo, es clave para empezar con los demás, comprenderlos, inspirarlos y liderarlos bien.

RELACIONES

CONECTANDO CON AQUELLOS
A LOS QUE LIDERAS

Un amigo íntimo mío, Eric Heard, pastor involucrado en el desarrollo del liderazgo, me contó una historia de la honda impresión que la causó su propio líder, Chuck Swindoll. Chuck era el pastor de mayor edad de la iglesia en la que Eric llevaba trabajando muchos años, y era su superior inmediato. Además de ser un pastor conocido en todo el ámbito nacional, escritor y maestro radiofónico, el trabajo de Chuck también consistía entonces en organizar y hablar en unos cruceros que se organizaban para la gente que escuchaba sus programas radiales. Eric acompañó a Chuck en uno de aquellos eventos, durante el cual Chuck fue informado de que el padre de Eric había fallecido de modo inesperado en Estados Unidos. En lugar de enviar a alguien a decírselo, dejó cuanto estaba haciendo para informarle personalmente. Tardó más de una hora en localizarlo en aquel barco enorme.

Una vez que le hubo dicho que su padre había fallecido, preguntó: «¿Quieres hablar?». Eric le dijo que sí, y juntos caminaron hasta la popa del barco y estuvieron charlando más de una hora. Eric le abrió su corazón. Era un momento muy doloroso para él porque su padre y él habían tenido un serio enfrentamiento del que nunca se habían reconciliado, y ahora ya no habría esa posibilidad. Chuck no dijo nada mientras Eric hablaba. No le ofreció consuelo, ni sabios consejos, ni citas de la Biblia.

Simplemente escuchó y dejó que Eric soltase lo que llevaba dentro. Con el tiempo, esto le ayudó a recuperar el equilibrio y a dar el siguiente paso para seguir adelante.

Este comportamiento es típico de Chuck Swindoll como líder. Eric ha tenido con él varias experiencias del mismo tipo durante los años que trabajaron juntos en la iglesia, aunque ninguna tan profunda como aquella. Fue su mentor durante largo tiempo. Unos años después de aquella conversación en el barco, ambos cambiaron de destino, pero Eric me dijo que está convencido de que Chuck es de esas personas a las que, si llamas desde cualquier punto del globo, subiría al siguiente avión sin dudar. Su carácter y su relación con él lo marcaron de por vida. Considera a Chuck una de las claves del éxito de su propio liderazgo y carrera.

El liderazgo debe tener competencia, habilidades y visión, pero también debe ir más allá y entrar en el campo de las relaciones. Es la conectividad que proporciona carburante a tu gente para que siga adelante con lo que les pides. Es la capacidad de establecer esa conexión lo que los mantiene comprometidos con tus ideas y objetivos. El impacto que Chuck tuvo sobre Eric fue profundo, del mismo modo que otros líderes me han impactado profundamente también a mí. Con seguridad tú también podrás mirar atrás y recordar a un par de personas que te hayan tomado bajo su ala durante el tiempo de crecimiento. Es esta relación la que aglutina todas las demás habilidades y tácticas del liderazgo.

Sin embargo, no significa que debas convertirte en el consejero o el confidente de alguien para llegar a conectar relacionalmente. Tampoco significa que tengas que rebajar tus estándares, evitar la confrontación o abandonar tu ímpetu en la búsqueda de resultados. Todo ello debe seguir en su sitio. Pero sí que significa que necesitas añadir capacidades relacionales en la caja de herramientas que utilizas para liderar a los demás. Cuanto mejor comprendes y utilizas tu mundo relacional en tu liderazgo, mejores decisiones tomarás, mejores previsiones harás y mejor visión tendrás.

Capítulo 8

IMÁGENES RELACIONALES

—Bueno, entonces ¿cómo narices lo has conseguido? —le pregunté a Harold, un amigo mío dueño de una empresa de manufacturas. Harold acababa de terminar con el traslado de toda su organización de un estado a otro en un periodo muy corto de tiempo, y lo logró en el plazo previsto y por debajo del presupuesto. Había necesitado para ello una ingente cantidad de planificación y energía, y yo estaba maravillado de semejante logro.

—La parte logística la veo —dije—, pero ¿cómo has conseguido mantenerte centrado y seguir con el negocio adelante?

—Ha habido momentos es que temí no lograrlo —me contestó—. Las noches y los fines de semana me dedicaba a ayudar a mi familia con el traslado y a hacer los ajustes necesarios. Eso, además de los interminables días en la oficina. Hubo ocasiones en las que dudé de mí mismo y me preguntaba si no había sido un completo idiota siquiera por imaginar semejante proyecto.

—Eso lo entiendo —le dije—. Entonces, ¿qué te hizo seguir adelante?

—El entrenador Williams —me contestó sonriendo. Sabía que Harold había jugado al fútbol en la universidad, y ya me había hablado de su entrenador.

—¿Quieres decir que lo llamaste para pedirle consejo?

—No —respondió—. Lo que quiero decir es que cuando estaba en horas bajas, la cara del entrenador se me aparecía y me acordaba de la cantidad de ocasiones en que me había dicho: «Harold, tú estás hecho de buena pasta. Te he visto llegar a lo más alto y perseverar. Creo en ti». Cuando recordaba sus palabras, me sentía literalmente lleno de energía para seguir adelante. Y todo lo que puedo decir es «gracias, entrenador Williams».

La historia de Harold demuestra el poder de las «imágenes relacionales». Las imágenes relacionales provienen de personas significativas cuyas palabras o ejemplo interiorizamos de algún modo. Todos nosotros poseemos estas imágenes. Pueden incluir personas que pertenecen a nuestro presente, así como personas del pasado. Una imagen mental es más que un recuerdo intelectual, aunque este también tiene que ver. Es, digamos, tridimensional, y en cierto modo más viva. Cuando pensamos en estas personas significativas es posible que veamos su cara, que recordemos algo que nos dijeron y que eso despierte los sentimientos que tenían o que tienen el uno por el otro.

Por ejemplo, tenemos imágenes relacionales de nuestros padres. Piensa por un momento en tu padre, siempre que estuviera involucrado en tu vida. Recuerda cómo fue cambiando con el paso de los años. Recuerda una de las frases, favoritas o no, que repitiera con frecuencia y que tú no has olvidado. Recuerda los sentimientos que experimentabas hacia él. Algún evento deportivo o cultural, o alguna salida que hicieras con él. Puede que haya partes dolorosas o negativas de esa imagen también porque la relación con nuestros progenitores es intensa y compleja. Tus imágenes relacionales contienen muchos aspectos de lo que haya ocurrido entre tú y la gente que más te ha importado. Ahora compara esa experiencia con un recuerdo intelectual de tu padre. Por ejemplo: era un hombre honrado y un gran trabajador. Eso será cierto, pero verdaderamente no «conoces» al hombre hasta que no te llega una imagen relacional.

Te he pedido que reflexionaras sobre una imagen relacional porque quiero que te pares un momento y comiences a beber del manantial de las personas que más significan en tu vida, personas que pueden ayudarte a liderar mejor. Para la mayoría de los líderes, beber del manantial de los recuerdos relacionales y las experiencias es un recurso valioso, pero sin explotar.

Como Harold, puedes utilizar esta herramienta para ayudarte a perseverar en momentos difíciles. Tus imágenes relacionales pueden proporcionarte claridad estratégica, visión creativa y habilidades empáticas cuando más las necesites.

Los beneficios de las imágenes relacionales

Para usar una analogía del mundo bancario, las imágenes relacionales son como una cuenta de inversiones interna. Esta cuenta se corresponde con una persona que ha sido importante para ti. En el curso de tu relación con esa persona, has ido haciendo depósitos en esa cuenta. Has ingresado recuerdos, pensamientos, imágenes mentales y emociones. Lo has hecho de modo constante, pero sin ser consciente de ello. Tu cerebro lo hace por ti. Los psicólogos llaman a este proceso de depósitos *internalización*. Estás, literalmente, «interiorizando» tu experiencia de esa persona. Y la cuenta forma una imagen integrada o representación de esa persona tal y como la has conocido.

Sabemos mucho sobre el proceso mediante el que desarrollamos imágenes relacionales gracias a la observación de bebés y niños. Cuando somos recién nacidos, una de nuestras primeras tareas en la vida es crear e interiorizar el rostro de nuestros padres para poder estar seguros, confiados y tranquilos. Este proceso continúa a lo largo de toda nuestra vida, y es la razón por la que he utilizado la analogía de una cuenta de inversiones. Unas imágenes relacionales saludables y positivas –recuerdos emocionales de las personas que te han apoyado y ayudado a lo largo de tu vida– siempre dan dividendos. Estas imágenes continúan ayudándonos a ser la mejor versión de nosotros mismos, aun cuando esa persona en concreto ya no esté presente. Sin imágenes relacionales, no seríamos capaces de funcionar bien en la vida. Las cosas que damos por sentadas, como la capacidad de establecer conexiones con otros, ser valientes como para correr riesgos, tener confianza en nosotros mismos y enfrentar problemas, no funcionarían tan bien como lo hacen si no tuviéramos buenas imágenes relacionales de las que tirar. Aunque es posible que no seas consciente de ellas, están siempre operando en un segundo plano y te ayudan a hacer cosas como concentrarte bajo presión y crearte nuevas oportunidades.

Sin embargo, es importante puntualizar que no todas las imágenes relacionales son positivas, y las emociones relacionales negativas no dan dividendos fructíferos. Imágenes de críticas y derrotas pueden debilitarte. Un amigo mío, director financiero de una gran empresa hubo de enfrentarse a unas dudas que lo paralizaban cada vez que tenía que enfrentarse a una complicada decisión financiera. Localizamos el origen de esta parálisis en una imagen relacional de una madre que en repetidas ocasiones le decía cosas como esta: «No puedes decepcionar a la familia. No nos avergüences. Eres un Smith».

Interiorizas a todo aquel que sea significativo para ti, pasado y presente. Y la gente a la que lideras te interioriza a *ti*. Para poder ser un líder eficaz debes darle a este hecho la importancia que tiene ya que, hasta cierto punto, las imágenes emocionales y mentales que la gente tiene de ti –basadas en cómo te relacionas con ellos y cómo los lideras– dependen de ti.

Hay muchos modos en que puedes utilizar las imágenes relacionales sanas para reforzar tu liderazgo. Vamos a centrarnos en cinco beneficios clave para que puedas considerar cómo cada uno de ellos puede aplicarse a una cuestión o reto de liderazgo al que te estés enfrentando en este momento.

Beneficio 1: extraer fuerza y apoyo cuando soportas estrés

Cuando tienes un conflicto con alguien en el trabajo o cuando estás soportando mucha presión necesitas fuerza y apoyo. Más tarde o más temprano, necesitarás alguna forma de ayuda que provenga de dentro. La fuerza de voluntad, el compromiso y la determinación pueden ayudar decididamente a pasar los momentos difíciles, pero no son lo suficiente para mantener tu avance cuando las cosas se ponen feas.

Las relaciones son el combustible que necesitas para mantener la calma, sentir confianza y seguir adelante en los tiempos difíciles. A veces puede bastar con una llamada de dos minutos de duración a un amigo para contarle que las cosas se han puesto difíciles. O aprovechar la oportunidad de comer con alguien y poder hablar de tu situación. Pero hay también momentos en los que llega un problema serio y estás solo de verdad. En esos momentos, debes tirar de tus imágenes relacionales. Para eso están. Su función es sostenernos cuando recibimos un golpe duro.

En una ocasión participaba en un pequeño grupo de apoyo con Ross, un empresario que estaba teniendo un problema en el trabajo. Uno de sus subordinados directos parecía pretender su puesto y estaba empleando tácticas muy poco éticas para desbancarlo, extendiendo rumores sobre él, y como ocurre a veces, hubo quien se los creyó. Los compañeros empezaban a sumarse a uno u otro bando, y el conflicto empezaba a cobrar un cariz destructivo. En aquel pequeño grupo pasamos mucho tiempo escuchando a Ross, animándolo y estando ahí para él. No había muchos consejos que pudiéramos darle, puesto que él nos había dicho ya cuáles iban a ser sus siguientes pasos, pero queríamos que supiera que íbamos a estar de su lado, pasara lo que pasara.

Ross solicitó una reunión con el CEO y su subordinado para aclararlo cara a cara. Él no era una persona belicosa, así que temía que llegase el momento, pero estaba decidido y sabía que no le quedaba otra.

El día en que iba a celebrarse la reunión, Ross me llamó por la tarde. Le pregunté qué tal le había ido.

—Ha sido muy, muy dura —me dijo—. El tipo ha mentido como un bellaco e incluso ha explotado en un par de ocasiones.

–Qué barbaridad –contesté yo–. ¿Y cómo ha terminado todo?

–Pues la verdad es que bien. El CEO ha sabido ver sus tácticas y se ha puesto de mi lado. Creo que el tipo se ha largado.

–¡Enhorabuena! Entonces, te quedas.

Ross se quedó callado un instante.

–¿Sabes una cosa? Justo en el peor momento, cuando el hombre se estaba poniendo como un energúmeno conmigo, y yo estaba allí sentado, teniendo que aguantarlo, ¿sabes en qué estaba pensando yo?

–¿En qué?

–En el grupo. Sus caras se me aparecieron mientras me llamaba de todo, y los veía apoyándome, estando de mi lado, creyéndome y siendo mis amigos. Sabía que no estaba solo. No sé cómo pasó, pero te digo que estaban allí conmigo, ayudándome a no perder la cabeza en la reunión.

La experiencia de Ross es un ejemplo de lo que podemos hacer cuando tenemos que enfrentarnos a una situación difícil. Los líderes soportan una enorme cantidad de estrés que proviene de muchas direcciones. Cuando estés inmerso en un momento duro, accede a tus imágenes relacionales y haz una retirada. Verás cómo te ayuda a salir.

¿Cómo hacer esto viable en tu liderazgo? En primer lugar, *identifica y haz acopio deliberado de estas experiencias relacionales*. Invierte en ti mismo. Los líderes adictos al trabajo y desconectados corren el riesgo de tener un déficit de imágenes relacionales sanas y potentes. Rodéate de la gente adecuada y pídeles su apoyo. En segundo, *resiste la tentación de extraer solo de ti, en lugar de extraer de ellos*. Me cargan los libros de crecimiento personal que te dicen: «Tienes cuanto necesitas dentro de ti. Basta con que lo busques». Para empezar, esto no es cierto. Necesitamos a Dios, y debemos recurrir y pedirle ayuda a él: «Clama a mí, y yo te responderé, y te enseñaré cosas grandes y ocultas que tú no conoces», dice Dios mediante el profeta Jeremías (Jeremías 33.3). Y por mucho que nos miremos el ombligo, jamás podremos tener acceso a esa clase de ayuda. También he trabajado con demasiados líderes cuya única herramienta era decirse a sí mismos: «Trabaja más duro. Sigue adelante». Aunque a veces eso pueda ayudar, no lo hace tanto, ni de lejos, como utilizar el apoyo, la gracia y la verdad de aquellos que han estado «ahí contigo». La sabiduría del escritor lo ha dicho con estas palabras: «¡Ay del solo! que cuando cayere, no habrá segundo que lo levante» (Eclesiastés 4.10).

También es importante tener en mente el poder de las imágenes relacionales que tu liderazgo puede crear en aquellos a los que diriges. Tengo un buen recordatorio de este hecho. Hace poco me encontré con un antiguo empleado al que no había visto desde hacía años. Estábamos poniéndonos al día y me dijo:

—Cambiaste mi vida con lo que me dijiste.

Yo no tenía ni idea de a qué se refería.

—Me alegro —le dije—, pero ¿qué te dije?

—Un día íbamos en el ascensor y me dijiste que tenía habilidades únicas para el trato con la gente y me sugeriste que las desarrollara. Muchas veces pensé después en esa conversación y me di cuenta de que quería ser terapeuta. Volví a la universidad, me licencié y ahora tengo mi propia consulta. Descubrí que era lo que debía hacer.

Yo recuerdo vagamente nuestra conversación, pero él recordaba incluso dónde había tenido lugar. Es solo un ejemplo del poder de las palabras y el ejemplo que podemos ser, incluso en momentos aparentemente insignificantes como un viaje en ascensor.

Beneficio 2: llegar a ser una persona relacional

Imágenes relacionales cálidas y estables te ayudan a ser una persona más relacional. Aunque los líderes son personas orientadas a las tareas, también han de ser relacionales para mantener a su gente con ellos. Tener imágenes relacionales sanas genera en ti la convicción de que no hay mejor lugar en el mundo en el que estar que una relación. La vida es, en esencia, relaciones, y está vacía sin ellas. Y en un líder eso es particularmente cierto.

Para un líder, estar con gente —dar y recibir— es un objetivo primario e importante. Bebes de tus imágenes relacionales cuando estás solo, las utilizas para ganar apoyo y fuerza, y sigues adelante. Después, cuando estás con las personas de carne y hueso de tu vida, cobras apoyo y fuerza de ellos. En este proceso, haces aún más depósitos en tu cuenta de imágenes relacionales, interiorizando esta verdad: *Puesto que estas imágenes son buenas para mí, la relación es buena para mí.* Te ayuda a ser una persona que busque las relaciones. Ahora bebes de dos fuentes: las imágenes y la realidad.

Cuando hablo en conferencias dirigidas a líderes sobre relaciones exitosas, suelo referirme a cómo los líderes no solo necesitan dar ánimo, sino también recibirlo. Por experiencia sé que a los líderes no se les da demasiado bien aceptar ayuda de los demás. Ellos la proporcionan, pero acaban secándose, agotándose, y por eso les pregunto adónde acuden cuando necesitan fuerza y apoyo. Siempre he de recordarles que «la esposa y el perro no bastan». De hecho, sus esposas suelen acercarse a mí después para darme las gracias por haber dicho lo del perro y ellas, ya que también se agotan de ser el único apoyo emocional del líder. Debes dejar de ejercer esa presión sobre tu esposa y buscarte unos cuantos amigos de confianza y que te comprendan. Pasa tiempo regularmente con ellos. Quizás deberías iniciar un grupo semanal. Hay muchos modos de hacerlo.

Si tu único amigo íntimo es tu esposa, quizás corres el peligro de transformarla en tu padre, y esa es una mala receta para el matrimonio. En ocasiones pongo deberes a algún líder, y esos deberes consisten en que le pregunte a su esposa: «¿Te gustaría que tuviera algún otro amigo íntimo con el que hablar aparte de ti?». Y a ver qué te dice ella. Amplía tu contacto relacional y cuídate de tener a varias personas en tu círculo. Ese es el comienzo para llegar a ser una persona relacional. No se puede estar mejor que viviendo en relación.

Como líder tienes también la responsabilidad de asegurarte de que los miembros de tu equipo tengan lo que necesiten para que su desempeño sea el mejor. Por eso es importante que los animes a transformarse, al igual que tú, en personas relacionales con quienes están en su vida con el fin de darles energía para que puedan estar a la altura de los desafíos que enfrenten.

Beneficio 3: tener una fuente de sabiduría y guía

Las buenas personas que ya has interiorizado y que sigues interiorizando son una tremenda fuente de dirección, aliento e información para ti. Cuando te sientes tentado a tomar un atajo, a evitar una situación complicada o no tienes una buena respuesta para un problema, tus imágenes relacionales pueden recordarte tus valores, lo que es verdaderamente importante. Es la esencia del mentor y del orientador. Interiorizas horas de sabiduría de tu orientador, practicas los conceptos que estás aprendiendo y, al final, has hecho el suficiente trabajo con esa persona como para saber, en una situación determinada, lo que tu orientador te diría, aunque no te lo haya dicho nunca. En otras palabras, no te has limitado a memorizar una lista de principios, sino que has interiorizado el modo en que tu orientador piensa y responde.

Un amigo mío tuvo un orientador en liderazgo durante un tiempo y su relación ha aportado resultados muy positivos a su trabajo y a su capacidad de liderazgo. Hace poco me refirió una historia sobre cómo ha mejorado su concentración y su eficacia con la gente como resultado de haber trabajado con este orientador. Había tenido que cambiar de puesto a una persona de su organización porque no estaba siendo eficaz en el puesto que ocupaba. Sin embargo, sabía que no iba a querer cambiar y que podría ser muy manipuladora y reaccionaria. Para colmo, una de sus debilidades era que tenía tendencia a sentirse culpable cuando alguien se resistía a sus decisiones, de modo que no se sentía precisamente entusiasmado ante la reunión. Pero él y su orientador estaban trabajando en ese problema. Yo conocía a su orientador y sabía que era una persona amable pero que también podía ser muy directo, y que no toleraba bien a los necios.

Tras la reunión, mi amigo me dijo que había sido tan duro como se esperaban. La empleada había llorado, le había acusado de ser injusto y había aducido que ella estaba dando lo mejor de sí. Todo ello le había hecho sentirse verdaderamente culpable, hasta el punto de que había estado a punto de rendirse y decir: «Está bien. Encontraré el modo de que funcione quedándote donde estás». Eso habría sido lo más fácil.

Pero mientras la escuchaba, se imaginó a su orientador mirándola y diciendo: «He escuchado tus razones y he reflexionado mucho esta decisión, pero está tomada y es inamovible. Solo quería que lo supieras». Y entonces vio a su orientador levantándose y mirando a la mujer mientras esperaba que ella también se levantara. A continuación, lo vio acompañándola hasta la puerta y cerrando tras ella. Mi amigo no había visto hacer tal cosa a su orientador. El orientador no conocía a la mujer, pero él *conocía al orientador*. Sabía que era la clase de persona que podía y que haría eso, y al pensar en ello, tradujo sus pensamientos en hechos. Amable pero firmemente le dijo a su empleada que la decisión estaba tomada, se levantó y la acompañó hasta la puerta. Logró acometer una tarea que para él era muy difícil. El depósito que su orientador había hecho en él era más que simples palabras. Era un aspecto de sabiduría y guía que mi amigo había interiorizado y había sabido utilizar.

Utilizar tus imágenes relacionales no siempre significa que tengas que ver o recordar a alguien. No es como cuando Obi Wan Kenobi se aparece en forma de holograma y dice «usa la fuerza, Luke». Aunque eso tiende a ocurrir en la primera etapa de la interiorización, lo que pasa con el tiempo es que, cuanto más utilizas tus imágenes relacionales, más pasan a ser parte de ti. Es decir, que ya no son lo que viste hacer a tu entrenador. Levantarte y acompañar a esa persona hasta la puerta pasará a ser algo que tú hagas de modo automático y normal porque, con el tiempo, tus imágenes relacionales pasan a formar parte de tu propio carácter, identidad y vida interior.

Cuando tengas que enfrentarte con un desafío, acostúmbrate a revisar tu base de datos interior y buscar en ella la imagen relacional de una persona a la que le haya ido bien en ese ámbito o que te haya servido de apoyo en retos anteriores. Podría ser alguien como el entrenador Williams o alguien como el mentor de mi amigo, que acompaña a un empleado contrariado hasta la puerta. Sea quien sea, te sorprenderá lo útiles que pueden resultarte esas imágenes.

Como líder, habla con tus subordinados de ello. Cuando estén tratando de sus retos, pregúntales qué les viene a la cabeza cuando piensan en alguien que les haya prestado apoyo o mostrado sabiduría en circunstancias similares. Pero no les dejes que te digan: «¡Has sido tú, jefe!».

Beneficio 4: discernir el carácter de los demás

Si alguna vez has contratado a la persona equivocada, si has confiado o invertido en la persona equivocada, conocerás la importancia de ser capaz de discernir el carácter de las personas. Las personas con las que pasas tiempo son quienes influirán en tu vida y en tu trabajo, para bien o para mal. Literalmente pueden suponer tu fracaso o tu éxito. Como decía el apóstol Pablo: «Las malas conversaciones corrompen las buenas costumbres» (1 Corintios 15.33). Puede acabar costándote el sueño, el dinero, la energía y el éxito.

Muchos de nosotros preferimos dar un poco de margen y pasar por alto la ofensa. Es solo ser amable, y tratar como queremos ser tratados. No obstante, hay personas con notables defectos de carácter que necesitan atención. Pueden ser personas dotadas y positivas, pero también pueden haber establecido patrones de irresponsabilidad, engaño, narcisismo o control que pueden dañarte a ti, a tu visión y a tu organización. No son casos irremediables si es que ellos tienen voluntad de cambiar, pero hasta que *quieran* hacerlo, no hay demasiada esperanza. He visto a mucha gente con defectos de carácter que decide intentar corregirlos y lo consigue, transformando el cambio en permanente, pero también he visto casos en los que el problema de carácter puede ser tan severo que, unido a la falta de motivación para reconocerlo y trabajar en él, tu grupo no resulta el sitio adecuado para esa persona... y tampoco tú.[1]

Muchos líderes no saben cómo discernir de modo automático el carácter de los demás, cómo elegir dejando al malo y escogiendo al bueno. Si no posees de manera intuitiva esa capacidad para discernir esta clase de cosas, una de las mejores fuentes de ayuda para mejorar esa habilidad es la que te proporcionan tus imágenes relacionales. Estas imágenes te ayudan a crear una plantilla para las relaciones *buenas*, si dispones de imágenes saludables y buenas. Cuanta más gente de calidad tengas en tu vida, mayor será tu capacidad de identificar a otras también de calidad. Esta habilidad no tiene precio, en particular si parte de tus funciones consisten en entrevistar, contratar y recomendar a personas para un puesto o para una promoción en tu organización.

Puedes comparar y contrastar a las personas que llegan nuevas a tu vida contra el telón de fondo de tus imágenes relacionales. Quienes sean responsables, honrados y bondadosos saldrán airosos de la comparación. Cuando estés hablando con ellos, pensarás cosas como: *esta persona me es familiar. Me recuerda a tal o cual buena persona que conozco.* O podría ser que recibas un aviso mental: *algo no va bien.* Has comparado a esa persona con tus imágenes relacionales. En este sentido, tus imágenes relacionales y tu intuición se entrecruzan.

Es como cuando los bancos entrenan a los cajeros nuevos para detectar billetes falsos. Durante semanas los dejan tocar los billetes buenos, de manera que, durante un intenso entrenamiento, los cajeros manejan miles y miles de dólares auténticos. Una vez que se han familiarizado con estos billetes, cuando se encuentran con los falsos, algo les dice que hay algo que no va bien. La alerta se dispara en su cabeza gracias a su dilatada experiencia con los auténticos. Del mismo modo, cuanto interiorizas las cualidades de las personas que tienen buen carácter, rápidamente calas a aquellos que no lo tienen.

Como he mencionado antes, hace unos cuantos años que el doctor Henry Cloud y yo hemos dirigido un entrenamiento semanal para líderes llamado Ultimate Leadership Workshop. Todos los años convocamos estos cursos en varias ocasiones en un retiro situado en el sur de California. Cuando doy clases en estos talleres, suelo preguntarle al grupo:

«¿Quién es la última persona que elegiste para el trabajo o para tu vida privada que no ha sido una buena elección? ¿Qué rasgo pasaste por alto en esa persona y por qué?».

Tras unos instantes de reflexión, la gente suele decir cosas así, después de un gemido de descontento:

- «Pasé por alto su incapacidad para recibir opiniones de los demás porque poseía el resto de las cualidades adecuadas».

- «Pasé por alto una mala ética laboral porque supo alabar mi ego».
- «Pasé por alto sus malos modos en el trato porque era un emprendedor».
- «Pasé por alto su engaño porque a todo el mundo le gustó su personalidad».

Este es el momento en el que se enciende la luz. No es que hayan elegido a personas que tenían un carácter sólido y que, de la noche a la mañana e inesperadamente, se volvieron problemáticas. La gente con defectos de carácter suele desarrollarlos durante mucho tiempo. La realidad es que estos líderes no han podido percibirlos de lo centrados que estaban en lo bueno que pretendían, y no se les puede culpar por desear un buen conjunto. Eso es importante. Pero minimizaron o ignoraron lo negativo, con la esperanza de que lo positivo pesaría más en su favor. E invariablemente, en el trabajo que estos líderes hacen en el taller, acaban abriendo el paquete de sus imágenes relacionales y descubren por qué minimizaron la importancia de un fallo serio. Un progenitor emocionalmente ausente o frío. Una relación larga que resultó halagadora pero que carecía de sustancia. En otras palabras: las imágenes relacionales de estos líderes eran de personas disfuncionales y que distorsionaron su juicio. Y al llegar a ser conscientes de estas imágenes relacionales negativas, consiguen estar mejor equipados para conectar con gente saludable y formar mejores imágenes relacionales.

Un modo de iniciar esta práctica es empezar por escribir una sencilla lista de las tres ocasiones más importantes del año anterior en que hayas tenido que aguantar una mala actitud o un mal comportamiento de un subordinado directo, de un cliente o de otra persona en el trabajo. Para cada anotación de esta lista, has de responder a la pregunta que les hago a los participantes en el taller: *«¿Qué rasgo pasaste por alto en esa persona y por qué?»*. Y después, hazte la promesa de estar siempre atento a esta tendencia tuya, y de no permitir que vuelva a secuestrarte. La creación de esta conciencia propicia el cambio de actitud.

Beneficio 5: sé generoso con aquellos a los que lideras

El liderazgo está directamente unido con las relaciones. Y la relación en este caso significa que tú, el líder, tienes que saber comprender y dar a aquellos a los que diriges. No eres su esposa, su padre ni su grupo de apoyo, pero les importas. Les afectas. Te interiorizan. Así que, si quieres que la gente intente darte lo mejor de sí, deben saber que tú también quieres lo mejor para ellos.

Las relaciones emocionales te proporcionan dos cosas: la compasión que te empuja a dar a los demás y la capacidad de comprenderlos. Una es motivación del mundo interior; la otra, una habilidad. La compasión es una motivación que proviene de la gratitud que sientes por lo que has recibido. Quieres devolver el favor, dar comprensión a otras personas. La capacidad de comprender proviene de observar cómo tú has sido comprendido por otros. Si te sientes valorado, querido y enseñado por las personas importantes de tu vida, esas experiencias quedan depositadas en tu cuenta de imágenes relacionales, y allí se quedan a tu disposición, para que bebas de ellas y sepas cómo dar al igual que has recibido.

Volvamos a Eric, cuya historia he narrado al principio de este capítulo. Es un líder con una notable cota de éxito cuya vida ha transformado la de muchas personas a lo largo del tiempo. Es generoso con aquellos a los que lidera. Es compasivo y sabe comprender, y él te diría que toda esa compasión proviene de sus muchas experiencias con Chuck Swindoll, de quien se siente muy agradecido por haberse preocupado por él no solo sentándose a su lado cuando estaba en crisis, sino para ser su mentor y su guía en la rutina y las tareas diarias del liderazgo. Y te dirá también que ese saber escuchar y comprender a aquellos que lidera tiene mucho que ver con cómo otra persona lo escuchó a él.

Construir buenas relaciones emocionales

Puede ser que te estés dando cuenta de que no tienes la cartera de inversiones en imágenes relacionales de calidad que te gustaría tener. Es normal que una o varias de nuestras imágenes relacionales no sean saludables. Algunas de tus relaciones más significativas pueden haberse tejido con personas frías, controladoras, manipuladoras, egocéntricas, críticas o incluso abusivas, lo cual puede crear imágenes distorsionadas o inoperantes de cómo deberían funcionar las relaciones. Como los líderes del taller que se dieron cuenta por qué habían escogido a las personas equivocadas, puede que tú hayas bebido de imágenes relacionales que no te hayan ayudado. O puede que simplemente hayas rechazado todas las que tenías por tener la sensación de que no podías confiar en ellas, y hayas decidido seguir adelante en solitario. En estas circunstancias, puede que logres operar con éxito durante un tiempo apoyándote en tu buen juicio y en tus mejores habilidades. Sin embargo, tu juicio y tus habilidades son una fuente limitada; no serán suficientes para sostener tu liderazgo a largo plazo. Si reconoces que tu cartera de imágenes relacionales no es lo que debería ser, lo mejor que puedes hacer es tomar la determinación de hacer nuevas inversiones, es decir, desarrollar imágenes relacionales buenas y saludables.

El principio es simple: *graba lo bueno y perdona, y crece con lo malo.* Necesitarás hoy, en el momento presente, formalizar la intención de encontrar a las personas adecuadas para abrir una nueva cartera de inversiones relacionales, por así decirlo. Nunca se es demasiado viejo para interiorizar buenas imágenes relacionales. Mira a tu alrededor y únete a las personas buenas. Encuentra un entrenador o mentor que tenga una buena reputación en la comunidad. Involúcrate en un grupo pequeño. Busca un buen terapeuta que entienda la dinámica del liderazgo.

Cuanto más regularmente te encuentres con las personas buenas, y cuanto más vulnerable y abierto estés con ellas, mejor será el rendimiento que obtengas de tus inversiones en imágenes relacionales. De este modo pasas a estar emocionalmente presente, es decir, a estar en contacto y a hablar de tus sentimientos, al igual que de tus pensamientos. Abre tu vida, tus sueños, tus batallas —tu mundo interior— a las personas adecuadas. Déjalas entrar para que puedan proporcionarte los buenos elementos de los que hemos hablado: fuerza y apoyo, sabiduría y guía, y todo lo demás.

Tendrás que perdonar las negativas. Perdonar es un modo maravilloso de salir de la prisión mental, emocional y espiritual. Te permite renunciar a la demanda de justicia, te permite liberarte del daño de otra persona, y te ayuda a sanar y a dejar atrás el pasado. Perdonar es un modo de superar lo que haya sucedido en esas relaciones difíciles, comprender el dolor, aprender las lecciones valiosas, y ser una persona más grande. La combinación de asimilar lo bueno y perdonar lo malo te ayudará a ser una mejor persona y un líder más eficaz.[2]

Siguientes pasos

Cuando doy charlas sobre imágenes relacionales, a veces experimento cierta resistencia o me hacen preguntas sobre si resulta práctico utilizarlas en el liderazgo. A veces me dicen cosas como: «Esto parece verborrea psicoanalítica». Es posible que yo sea un loquero, pero este contenido no es verborrea psicoanalítica vana, y puedo asegurarte de que una vez que le pillas el truco, descubrirás que tus imágenes relacionales resultan de gran ayuda. A continuación, te muestro tres formas en que puedes empezar a poner en práctica todo esto en tu trabajo diario y en tu liderazgo:

- Haz una lista de las cinco personas que más te han ayudado o más te han influido en la vida, personas que te han ayudado a ser quien eres o a lograr lo que has logrado. Escribe unos cuantos ejemplos de lo que te dijeron o hicieron que te influyera, y lo que sentiste o experimentaste al oír o presenciar estas cosas que tanto impacto tuvieron. Consulta la lista cuando te estés enfrentando a algún reto o necesites sensatez o ánimo.

- Escribe un resumen de uno o dos párrafos relacionados con algún reto financiero, operativo o cultural que estés enfrentando en tu organización. Luego identifica a alguien que creyera en ti y que haya tenido éxito, e imagina cómo responderían a lo que has escrito. Pon en palabras lo que esa persona diría, resumiéndolo en uno o dos párrafos. ¿Qué crees que te diría esa persona para ayudarte a superar ese obstáculo?

- Sé específico y deliberadamente elige la imagen que quieres imprimir en tus subordinados directos y otros con los que trabajes. Empieza reuniéndote de uno en uno con ellos y, antes de encontrarte con cada persona, reflexiona brevemente sobre lo que piensas que esa persona puede necesitar oír de ti: palabras de ánimo, de guía, de corrección, palabras que le planteen un reto, etc. Durante el encuentro, elimina distracciones y céntrate en esa persona estableciendo contacto visual al cien por cien. Muéstrate tan presente emocionalmente como puedas y practica lo que es prestar toda tu atención a una sola persona. Después del encuentro, evalúa si has logrado proporcionarle la imagen relacional adecuada y propia del líder que esa persona necesitaba en ese momento.

Además de reunir una cartera de imágenes relacionales positivas para tu equipo y para ti, hay un juego de habilidades relacionales que son también críticas para tu liderazgo. Para poder liderar eficazmente, es fundamental practicar y reforzar siete habilidades específicas que tienen que ver con cómo te relacionas con aquellos a los que lideras, y de eso trata el siguiente capítulo.

Capítulo 9

HABILIDADES RELACIONALES

Un modo de calibrar rápidamente la importancia de una habilidad o capacidad de liderazgo es considerar las consecuencias potenciales de no tenerla. ¿Qué ocurre entonces cuando los líderes carecen de habilidades relacionales? Consideremos los siguientes escenarios de pesadilla, algunos de los cuales es posible que reconozcas:

- El CEO de una organización sin fines de lucro tiene la costumbre de responder a todas las preocupaciones de sus subordinados con frases del estilo de esta: «Estoy seguro de que no es tan grave. Te irá bien». Con esas palabras vacías y una palmadita en la espalda, los voluntarios acababan desmoralizándose y abandonando.
- Una médica adicta al trabajo que es socia en una consulta se frustra con su personal administrativo porque no viven siguiendo el mismo aforismo que ella: «El *primero* en llegar a la oficina y el *último* en salir». Ha dejado claro que está desilusionada con lo que ella considera una falta de compromiso. Ellos se limitan a tratar de evitarla.
- El presidente del departamento de medicina de una universidad evita a toda costa el conflicto. Cuando uno de los miembros de su facultad obtiene de manera continuada una baja calificación de los estudiantes por falta de planificación y estructura, pospone indefinidamente tener la conversación necesaria para solventar el problema. Los otros miembros de la facultad se han dado cuenta y están desanimados.

No importa lo dotado que pueda estar cada uno de estos líderes o el ahínco con que trabajen, ya que la falta de habilidades relacionales mina sus esfuerzos por liderar con eficacia y alcanzar sus objetivos. De hecho, hay un flujo de investigaciones que recientemente han venido demostrando que la capacidad de relación de un líder es un factor crítico en su desempeño. Por ejemplo, la firma Talent Smart ha concluido que más del noventa por ciento de los líderes con mejores resultados tienen un elevado índice de EQ, el tan conocido rasgo de Coeficiente Emocional.

Las capacidades relacionales te ayudan de manera eficaz a canalizar tu capacidad de dirigir, asesorar y resolver problemas a la gente porque gracias a ellas eres capaz de trabajar bien con las personas. Y la buena noticia es que las habilidades relacionales son capacidades que puedes aprender y desarrollar.

Siete habilidades relacionales que todo líder necesita

Soy un observador obsesivo que no para de tomar notas, en particular cuando trabajo con líderes. Después de cada consulta, escribo mis observaciones sobre lo que he visto en su comportamiento y en su modo de relacionarse con los otros. Eso me da mucha información que estudiar cuando necesito identificar los puntos que necesitan trabajar y los cambios que necesitan hacer para mejorar cualquier debilidad. Un beneficio añadido es que, a lo largo de los años, he observado un patrón emergente, un juego consistente de habilidades relacionales que están presentes en los mejores líderes. En las páginas siguientes exploraremos estos siete rasgos, y consideraremos modos prácticos de desarrollar estas habilidades y utilizarlas para ayudar a tu gente a maximizar su propio potencial en la organización.

1. Empatía

La empatía es la capacidad de dejar nuestra propia experiencia guardada en el cajón y meternos en la de otra persona. No se trata de leerle a nadie el pensamiento, ni de sentir compasión. Es ser capaz de caminar con los zapatos de otra persona, de ver el trabajo, la gente y la vida desde la perspectiva de esa otra persona. Lejos de ser solo un rasgo valioso a la hora de comprender el dolor emocional del otro, la empatía es extremadamente útil en el entorno del líder. Cuando empatizas con aquellos que lideras, ocurren dos cosas buenas. La primera es que eres más capaz de desarrollarlos y asistirlos porque sabes lo que están pasando. En segundo, ellos están mejor predispuestos a que seas tú quien los dirija porque experimentan la empatía como una indicación de que comprendes y estás ahí para ellos.

Durante el tiempo que participé en el consejo de dirección de una organización sin fines de lucro, la presidenta invitó a una persona nueva a unirse al consejo. Se lo pidió porque era bueno en finanzas, una habilidad que se necesitaba en la organización, y fue convocado a una reunión para que pudiéramos conocernos.

No tardó en resultar palpable que este hombre se sentía extremadamente incómodo con todos los demás. Parecía muy ansioso, no podía comunicar sus ideas correctamente y se corregía una y otra vez. Yo sentí verdadera lástima por su incomodidad. Según supe después, resultó que se sentía intimidado por el consejo. Era más joven que nosotros, bastante nuevo en su profesión y acababa de mudarse de otra parte del país, de modo que tenía la sensación de estar fuera de lugar.

La cosa no iba bien, pero todos seguimos intentándolo, hasta que la presidenta del consejo dijo estas palabras: «Bill, estoy segura de que esto no es fácil para ti. Si yo estuviera en tu lugar, también me sentiría muy incómoda, pero quiero que sepas que estás aquí porque ya has demostrado tu valía en otros sitios. Nosotros respetamos y valoramos mucho lo que nos aportas».

Fue como si hubiera conjurado un hechizo. Bill le dio las gracias y pudimos ver cómo se alzaban sus hombros y volvía su confianza. Comenzó a relacionarse con nosotros como uno más de la tripulación, y el resto de la reunión, y todas las que siguieron, marcharon perfectamente. La presidenta le había proporcionado empatía y respeto, pero la empatía ha de ir siempre antes del respeto.

Suelo ver cómo los líderes confunden la empatía con ser positivo. Piensan que están ofreciendo empatía mostrando apoyo, ánimo y esperanza, pero en realidad no están escuchando las malas noticias, es decir, la desilusión, el fracaso o el miedo. La mayoría de ellos piensa que reconocer las malas noticias lanzaría a aquellos que dirige a un agujero oscuro de desesperación, así que se centran en animar a su gente para que recupere la felicidad. El problema es que esa relación no funciona así. Cuando otra persona te comprende y recibes empatía de ella en un momento malo, lo que hace realmente es animarte porque te sientes menos solo en esa mala experiencia. Es la presencia compasiva más que las palabras de ánimo de otra persona lo que aporta esperanza y ánimo. Cuando sabes que no estás solo, puedes soportar prácticamente todo. Es la sensación de aislamiento lo que hace que un sentimiento malo siga siéndolo.

De modo que cuando un líder *alegre* no empatiza bien con su gente, acaba agravando el problema que pretende solucionar. Al no escuchar las malas noticias, están aislando más a la persona que se debate, y el indivi-duo se siente aún más solo, pensando *aquí estoy yo, desanimado, y mi líder quiere que ande buscando el lado bueno a esta situación.* El resultado es que esa persona se siente culpable y fracasada por no estar lo suficientemente *ani-mada* para complacer a su jefe, o simplemente se desconecta de su líder y se encierra en sí misma, limitándose a asentir con la cabeza interpretando el papel de sumisión. Ninguna de estas posibles situaciones es buena, de modo que no temas empatizar de verdad. Con ello abres la puerta a la esperanza.

Ahora te ofrezco unas cuantas formas sencillas y útiles para practicar la empatía:

- Acércate a la inquietud de esa persona en lugar de intentar apartarla de esa inquietud. Utiliza con autenticidad frases como: «Eso tiene que ser duro/abrumador/desalentador», para trasladarle la idea de que estás *con ella* en ese momento duro, y no que estás intentando que cambie su perspectiva.
- Haz que tu lenguaje corporal, el tono de tu voz y tu contacto visual sea similar al de esa persona, que seguramente será serio y reposado en lugar de alegre y festivo.
- Haz un breve resumen de lo que te han dicho y luego pregunta si lo has entendido bien. Por ejemplo: «¿Es eso lo que sientes?». «¿Ha sido así?». «¿Lo he entendido bien?».

Estaba trabajando con una clienta en sus habilidades empáticas y me dijo:

—Entiendo que esto les ayudará a confiar en mí, pero me parece un poco absurdo no darles un consejo.

—Desde luego —contesté yo—. La empatía crea una disposición mental abierta que les ayudará a escuchar y metabolizar tu consejo. Da muchas soluciones, pero empieza siempre por la empatía.

No haces esto siempre que alguien tenga una dificultad. Por ejemplo:

—Se me ha caído el boli.

—Uf, eso debe ser horrible.

Lo ocurrido no requiere esta respuesta. Pero cuando algo le importa a esa persona, debería importarte también a ti lo suficiente como para mostrar tu empatía.

Ejemplos de respuestas empáticas y no empáticas

Escenario	Respuesta no empática	Respuesta empática
Un subordinado directo expresa desánimo por un segundo intento fallido de aumentar las ventas de un nuevo producto o servicio.	«Sigue adelante, que lo vas a lograr. ¡Tú tienes lo que hace falta!».	«Sé lo mucho que te has esforzado en el segundo intento, y te habrás llevado una buena desilusión. Hablemos de lo que ha ocurrido y encontraremos una solución».
Un voluntario está pensando en dejarlo por los retos emocionales que tiene planteados con otro voluntario.	«Ten paciencia con él. La gente madura y cambia con el tiempo».	«Estoy seguro de que no es fácil. Sé que te has esforzado por conectar con él. No quiero que te vayas, así que vamos a ver qué podemos hacer entre los dos».
Un colega reconoce que tiene sus dudas sobre si es capaz de hacer un buen trabajo o si saldrá airoso de una presentación inminente.	«Anda, no seas gallina y enfréntate a la situación, que la vida no es fácil. Además, siempre haces un gran trabajo».	«Te entiendo perfectamente. Yo también me he encontrado paralizado en situaciones como esta. ¿Quieres ensayarlo conmigo y te doy mi opinión?».
El miembro de un pequeño grupo admite que tiene la sensación de que nunca superará una adicción.	«¿Estás segura de haber puesto tu problema en manos de Dios al cien por cien?».	«Es que tiene que ser duro y abrumador. Como grupo, centrémonos en el problema más acuciante que tengas en este momento y veremos en qué podemos ayudarte».

2. Independencia relacional

Una habilidad relacional importante para ti como líder es ver a la gente de modo independiente de ti y del papel que juegan contigo. Tu gente quiere trabajar contigo, porque de otro modo no estarían a tu lado, pero tú no eres su razón de existir. Tienen vidas, sueños y preocupaciones propias. Tienes que poder identificarte con ellos y comprenderlo. A veces los líderes asumen que todo el mundo tiene una visión organizativa tan intensa como ellos, o que su nivel de compromiso es el mismo que el suyo. Ese puede ser un error que puede deshacer lo que estás intentando lograr con tu equipo.

¿Has visto alguna vez la serie *La oficina*, que aparenta ser un documental, aunque no lo es, sobre la vida diaria de los empleados de una empresa de papel? El personaje principal, Michael Scott, es uno de los peores directores que te puedas imaginar. Una de sus típicas meteduras de pata es cómo presenta sus ideas nuevas. Entra sin más en la zona en que el grupo está trabajando, atendiendo el teléfono, trabajando en las cuentas y haciendo análisis financieros y, en voz alta, comunica su idea a todo el mundo, asumiendo que todos se van a entusiasmar tanto con ella como él lo está. Mientras él espera ansioso su respuesta entusiasmada, la cámara va fijándose en las caras del personal, que lo mira en silencio, esperando que se vaya para poder seguir con su trabajo. Suele mostrarse desilusionado por la ausencia de reacción, o ni siquiera se entera y sigue contando, sin darse cuenta de que están desconectados por completo de él. Michael no es consciente de que su gente está totalmente separada de él.

Inspirar a tu equipo es tan importante como construir el compromiso y cultivar valores compartidos. Pero teniendo siempre presente que antes de que entres en una habitación, la gente estará pensando en las cosas de su vida y en su parte del trabajo. Respétalo y trabaja con ello. Quieres que sepan que te importan por algo más que no sea solo lo que pueden hacer por ti. No son una mera extensión de tu visión; irónicamente, si transmites esta clase de respeto, sueles recibir más compromiso de aquellos que lideras porque se sienten seguros contigo.

A continuación, leerás, paso a paso, cómo puedes poner en práctica esta habilidad:

- Escribe tres cosas que te motivan y te dan energía en tu trabajo. Podría ser, por ejemplo, lograr tu misión, marcar la diferencia o estar con gente estupenda.
- A continuación escribe, para cada persona de tu equipo, tres cosas que crees que le motivan y le dan energía, pero no asumas que su motivación es la misma que la tuya. Por ejemplo, pueden sentirse motivados por buscar soluciones a los problemas, por las compensaciones o por un horario flexible.

- Sin decirles qué has escrito tú, pregúntale a cada uno de ellos cuáles son sus tres motivaciones fundamentales. En este sentido, no solo te servirá para ver hasta qué punto comprendes su experiencia, sino también cómo apreciarlos y motivarlos basándote en lo que verdaderamente les importa más.

3. Relación y realidad

Como líder debes proporcionar realidad a tu gente en forma de capacitación, dirección, guía, estructura, consejo, recomendaciones, opinión y confrontación intelectual. Yo defino la realidad del líder como *lo que es cierto, ya sea positivo o negativo.* La realidad puede significar que el equipo ha alcanzado una meta y es hora de celebrarlo. O puede significar que una iniciativa ha perdido su empuje y es el momento de ver qué salió mal. Le das a tu gente la información, verdades y experiencias de las que carecen o que han olvidado. Tanto si tienes a tu cargo un pequeño grupo, si diriges un grupo de subdirectores, si empleas varios trabajadores o diriges una organización de voluntarios, eres tú quien debe proporcionales las realidades que necesitan para dotar y acometer sus tareas.

Un buen líder aprende a proporcionar relación y realidad al mismo tiempo, en otras palabras: desarrolla una conexión relacional para que su gente pueda recibir y usar la realidad de manera más eficaz. La relación proporciona el puente sobre el que puede viajar y comunicarse la verdad.

En tu liderazgo, si no hay relación, tu gente experimentará la verdad como severidad, crítica o condena. Se resistirán a ello y la rechazarán, sutil o activamente. La verdad es muy dura de tragar si no te sientes conectado con quien te la revela. Esa es la razón por la que es fundamental estar «para» la otra persona, haciéndoselo saber y mostrándose tan emocionalmente accesible como sea posible *en el momento de la realidad.*

Una clienta mía tenía lo que podría llamarse como modales pobres con sus subordinados. Cuando hacían algo mal, pasaba de inmediato al modo corrección. No es que pretendiera ser severa, porque su única pretensión era solucionar el problema. Era simplemente un caso de incompetencia relacional.

Me informó que su jefe de ventas se había puesto a la defensiva cuando había intentado hablar con él sobre un mes que no había rendido bien, y dijo:

—Todo lo que necesito es que reconozca que él ha formado parte del problema en lugar de culpar a la gente de ventas. Pero sigue diciendo que él no ha hecho nada mal.

Conociéndola, le respondí:

—Prueba esto. Vuelve a hablar con él y parafrasea su experiencia. Dile algo como: «Me imagino que debe ser muy frustrante haber dedicado todo tu tiempo y recursos al equipo este mes y aun así tener malos resultados. Hablemos de qué puedo hacer yo para mejorar tus resultados».

—¿Y eso para qué me va a servir?

—Espera, que no he terminado. Una vez que le hayas ofrecido ayuda, mira a ver si se suaviza un poco al darse cuenta de que estás intentando relacionarte con él. Luego, pregúntale: «Si trabajo ayudándote a ayudar a tu equipo, y si trabajo en la dotación de recursos, ¿hay algo que tú puedas hacer también para mejorar la situación?». Creo que añadir un poco de relación a la realidad ayudará.

Al día siguiente, me llamó:

—¡Ha funcionado! Ha admitido que no ha tenido claro lo que quería hacer, y que por eso su gente no estaba al tanto de sus prioridades.

Esto es lo que quiero decir. Debió costarle un par de minutos más establecer la inversión relacional, pero bien valió la pena.

Los líderes, en ocasiones, cometen este tipo de errores. El primero es que dividen relación y realidad, y luego las alternan. Es decir, los momentos relacionales son positivos, alentadores y agradables, pero no se usan para transmitir la verdad, y las «charlas de la verdad» se desconectan y se tornan frías. Suele ocurrir porque el líder se siente incómodo entablando una relación y tratando realidad al mismo tiempo. Tiene la sensación de que no puede ser directo si, al mismo tiempo, es demasiado cálido. Le preocupa suavizar demasiado sus impresiones, de modo que decide replegarse y mostrar una postura únicamente laboral y distante, lo cual resulta desconcertante para la gente, que se pregunta si el líder tiene doble personalidad. La solución en estas situaciones es asumir algunos riesgos y mostrarse sincero y receptivo al mismo tiempo, y ver qué pasa después. En la mayor parte de las ocasiones, cuando un líder intenta equilibrar relación y realidad, descubre que no es necesario distanciarse de la verdad para mostrarse como un ser humano comprensivo, y a la gente no le incomoda.

El otro error viene de una dirección distinta. Algunos líderes son muy empáticos y pueden sintonizar perfectamente con su gente, pero tienen dificultades para proporcionar estructura, dirección o compartir sus impresiones cuando es necesario, de modo que acaban escuchando, preocupándose y comprendiendo, pero siendo incapaces de tomar alguna medida o asignar responsabilidades llegado el caso. Mientras que hay ocasiones en que la empatía es cuanto una persona necesita, como en el caso del comentario que hizo la presidenta del consejo al nuevo miembro que se sentía incómodo, hay también muchas otras ocasiones en que se necesita más.

Los líderes que avanzan en esta dirección no es que sean demasiado empáticos. No creo que sea posible preocuparse demasiado por alguien. Pienso que lo que ocurre es que no están siendo lo suficientemente sinceros. Suelen percibir a aquellos que dirigen como más frágiles de lo que son en realidad y no quieren herirlos. Suele ser útil para esos líderes pensar en cómo ellos mismos responden a la realidad. No los destroza, ni los deja devastados. No es agradable, pero sí tolerable y útil. En cualquier caso, suelen ser capaces de mantener ambos elementos en su sitio.

Cuando comunicar la realidad requiere confrontación, es importante seguir la secuencia adecuada. El primer paso debe ser el aspecto relacional y el segundo, la realidad. Hace que la medicina sea más fácil de tragar. Por eso, cuando necesitas confrontar un problema en desempeño o en actitud, debes asegurarte de que la persona a la que lideras sepa que estás «por» ella, es decir, a su lado, antes de proceder.

En una relación ya establecida, en la que esas personas y tú se conocen bien, puede que no necesites decir nada en particular para asegurarte de que las cosas están bien entre ustedes y que las valoras. Es un poco como un matrimonio sólido y seguro, donde a veces algo te molesta y lo dices sin más: «Acabo de ver el estado de la tarjeta de crédito. ¡Tienes un problema con los gastos, y tenemos que arreglarlo!». En las relaciones sólidas, la seguridad está ya presente, y puedes lanzarte y hablar del asunto en cuestión.

Sin embargo, si se trata de una persona a la que hace poco has contratado, o alguien que no te conozca, lo mejor es asegurarte de que esa persona sepa que estás de su parte. Dile cosas que transmitan valor, apoyo y apreciación, y créetelas. Por ejemplo:

«Lauren, quiero reunirme contigo para hablar de las cuotas, pero antes quiero que sepas que valoro mucho que estés en nuestro equipo. Eres un valor para todos nosotros. Pero ahora tenemos que solucionar esto...».

Hay personas que se ponen a la defensiva o que se dedican a repartir culpas. No importa lo que hagas, se sienten criticadas, perseguidas o maltratadas incluso si se trata de una corrección mínima. Si este es el caso de la persona con la que tienes la confrontación, tienes que prepararte para lidiar con ella también. Una opción es tratar su actitud como un problema en sí mismo; ayuda a esa persona a ver que existe y que necesita vencer ese obstáculo.[1]

Una vez que estés en el punto de revelar la verdad, sé claro y directo. Esa forma de proceder es extremadamente amable y es muy relacional. Plantea el problema, ponle ejemplos, describe sus ramificaciones y sugiere la cura que has identificado. En ese sentido, le estás dando un camino, algo que hacer para solucionarlo, y esperanza.

En una ocasión trabajaba como consultor en una organización en la que, una vez analizadas las dificultades, tuve que darle malas noticias a uno de los líderes. Era una persona competente, pero tenía la costumbre de ser políticamente manipulador, es decir, que utilizaba a las personas para indisponerlas las unas contra las otras con el fin de obtener el resultado que pretendía, y por ello había causado una fractura en la organización y la empresa se estaba resintiendo. Era una situación preocupante. El consejo había intentado hablar con él, pero se había cerrado en banda aduciendo que no lo entendían. Como consultor neutral, se decidió que quizás a mí me escuchara.

Nos reunimos y, tras el saludo preliminar y algo de charla intrascendente, le dije que creía que estaba dividiendo a la gente y manipulándola. Él me contestó, ofendido:

—Vamos a ver si lo he entendido. ¿Me está diciendo que estoy siendo un manipulador?

Pensé cómo iba a responderle. Me planteé decir: «esa es una palabra demasiado fuerte», o «quizás no lo hagas de manera consciente», incluso «en cierto modo, todos lo hacemos». Pero al final me dije *hazlo sin más*. Y agregué:

—Sí.

Y me quedé sentado, esperando.

Él me miró en silencio durante unos segundos. Yo contuve mi deseo de llenar el silencio con palabras que explicaran y que suavizaran las cosas, pero me contuve con la esperanza de que ese silencio le diera la oportunidad, quizás, de enfrentarse a sí mismo. También existía la posibilidad de que estuviese dándole más tiempo para encontrar el modo de manipularme a mí.

Al final suspiró y dijo:

—Es cierto. Lo soy.

Muchas cosas pasaron después de aquello, pero aquel fue un punto de inflexión para él; se dio cuenta de su tendencia manipuladora y se volvió más abierto a las reflexiones de los demás. Fijamos un programa para él que consistía en una serie de relaciones controladas con personas que le ayudarían y le apoyarían. No fue un éxito de la noche a la mañana, ya que sus patrones estaban hondamente enraizados, pero trabajó duro y era lo bastante valioso para la empresa como para que lo apoyaran en todo el proceso. Al final, el proceso resultó beneficioso para él y para la compañía.

Este es un ejemplo de cómo una declaración sencilla y directa de la realidad puede ser útil con aquellos a los que lideras. Despeja el aire y, siempre que no haya críticas o condenas en tu lenguaje corporal o en tu tono, puede aplicar la cirugía necesaria que abra la puerta a la esperanza de un cambio y, en última instancia, a la productividad.

4. Motivación

A todo líder le preocupa cómo motivar a aquellos que dirige. Es difícil imaginar a un líder que no esté involucrado, a un nivel u otro, en influir sobre los demás para que se comprometan con la misión, para que interpreten su papel y desempeñen al más alto nivel en la organización. Ha habido multitud de formas ideadas a lo largo de los años para motivar equipos y grupos, incluidos los incentivos y beneficios económicos, ajustar la tarea al trabajador, proporcionar un entorno agradable, dotar de recursos, poner ejemplos, alabar, dar retroalimentación e inspirar.

La motivación es un área que se ha estudiado ampliamente por su importancia a la hora de alcanzar el éxito en el liderazgo. Es, sin duda, una habilidad relacional, ya que cuanto mejor sepas relacionarte, mejor podrás influir y motivar. Es evidente que la motivación involucra las habilidades intuitivas, habilidades que incluyen la de relación.

Para aumentar la motivación entre tu gente, has de crear un entorno para la pasión. En otras palabras, incluye en tus conversaciones (sobre funciones, objetivos, estrategia, etc.) preguntas del tipo: «¿Qué te entusiasma de tu trabajo aquí?» o «¿En qué te gustaría participar aquí si tuvieras la oportunidad?». Cuando tu gente siente pasión por lo que hace, puede que no sea el único elemento de motivación necesario, pero es uno de los más importantes. La gente trabajará duro y alcanzará grandes resultados cuando siente pasión por lo que hace.

En el capítulo siete exploramos cómo descubrir tu propia pasión. Lo describí como una intersección entre quién eres de verdad, tu ser interior, y en lo que estás involucrado, es decir, tu contexto exterior. La pasión se despierta cuando tu verdadero ser conecta con el entorno de la tarea adecuada. Así es como funcionamos.

Lo que funciona para ti, funciona también para aquellos que lideras. No puedes crear la pasión, ni para ti, ni para nadie. No obstante, como líder, puedes proporcionar el entorno adecuado para que esa reacción química tenga lugar. Esto se logra investigando personalmente. Debes aplicar la energía necesaria para conocer a tu gente y aprender qué tareas aparecen en la intersección con sus pasiones. Será distinto con cada individuo. No esperes que un estilo funcione para todo el programa. Pero cuando desarrollas esta capacidad relacional y llegas a conocer el interior de tu gente, el valor y los beneficios son enormes.

Te ofrezco un ejemplo. Un amigo mío dirige un pequeño negocio en la industria de servicios. Uno de sus empleados del departamento de recursos humanos era bastante competente y manejaba bien las cuestiones relacionadas con el departamento. No había grandes logros, pero tampoco había quejas. Mi amigo, sin embargo, reparó en que el hombre era un tipo curioso. Hacía preguntas a su jefe sobre cómo funcionaba la compañía y, lo que es aún más importante, hacía preguntas sobre la gente de otros departamentos. Expresaba su curiosidad sobre el departamento financiero, *marketing*, ventas... hacía su trabajo en recursos humanos, pero estaba claro que tenía otros intereses.

Al final, mi amigo llegó a la conclusión de que aquel hombre era del tipo «MacGyver», el protagonista de la serie de televisión de los años ochenta, en la que el personaje principal podía inventar cualquier tipo de instrumento usando una cuerda y un chicle. En otras palabras, le encantaba hacer un montón de cosas, y además se le daban bien. Por otro lado, era más un solucionador de problemas que un mantenedor. Mi amigo, el jefe, lo comprendió y se dio cuenta de que, en el periodo de crecimiento en que estaba inmersa la empresa, necesitaría a una persona a la que se pudiera utilizar interdepartamentalmente para ocuparse de algunas dificultades con que se había tropezado. También, esa persona podía darle una visión a pie de obra sobre lo que pasaba en la compañía, por lo que decidió crear un puesto nuevo para aquel hombre, y resultó ser todo un acierto. La gente apreciaba tener ese nuevo recurso. La rentabilidad de esa decisión fue muy alta, y MacGyver sentía una verdadera pasión por lo que hacía. Era bueno, tenía la energía necesaria y ayudaba a la organización con ella.

Es posible que el puesto de MacGyver no durase para siempre, ya que las necesidades de las empresas cambian con el tiempo. Pero la cuestión es que debes estar siempre alerta para ver lo que le gusta a tu gente, y si hay alguien especialmente adaptado para una tarea, ya que con ello aportarás buenos resultados a la empresa y a la persona.

Otra táctica muy efectiva para aumentar la motivación es simplemente *destacar y afirmar*. Nuestro cerebro está conectado de modo que, cuando alguien que nos importa destaca que hemos hecho un buen trabajo en un proyecto, o que hemos sido de verdad de un gran valor para el equipo, es como si tomásemos un antidepresivo instantáneo. Simplemente nos sentimos motivados a hacerlo todavía mejor después de esa breve conversación. Me ha entristecido mucho cuando he tenido que escuchar a empleados o a voluntarios en una organización decir en privado que la única atención que reciben es la negativa cuando hay un problema. No seas nunca ese líder.

5. Libertad y responsabilidad

Cuanta más autonomía y responsabilidad personal pueda tener tu gente, más motivados se sentirán. La independencia proporciona la capacidad de asumir la responsabilidad de su desempeño y de la productividad del equipo. Necesitas determinar el grado de libertad de tu contexto.

Algunas personas necesitan poca dirección práctica por tu parte. Tienden no solo a valorar su autonomía, sino que se han ganado el derecho a tenerla. Son personas estructuradas y que aportan resultados por su capacidad personal. Tengo un amigo que trabaja en la industria de los servicios financieros cuyo campo de acción es el territorio nacional. Es muy productivo en sus cuentas y sabe cómo asegurarlas. No dirige un departamento grande, sino que la empresa ha organizado un pequeño equipo en torno a él para dotarle de recursos y para hacer las tareas de seguimiento de las cuentas que él ha logrado. Su jefe es una persona con percepción relacional y supo ver las conexiones de mi amigo cuando lo reclutó para la empresa y, por consiguiente, tiene la clase de libertad con la que sueña la mayoría de la gente. Reporta con regularidad a su jefe, pero no frecuentemente. ¿Por qué? Porque los resultados están ahí. Cuando los resultados estén ahí, propician esa libertad.

Hay otras personas que también desean tener la máxima libertad; de hecho, esa característica describe prácticamente a la mayoría de la gente. Sin embargo, aún no han desarrollado la habilidad de trabajar sin ti. Necesitan tu estructura, un cierto nivel de responsabilidad hacia ti y unos requisitos más detallados. Esto no es una crítica, sino un recuento de cómo los líderes han de enfrentarse a la realidad. Mi consejo para los líderes de estas personas es que les permitan un poco más de libertad de la que tengan para ver cómo se desenvuelven, a menos que suponga un riesgo inaceptable, económico o de cualquier otro tipo. Hazles saber que se trata solo de un periodo de prueba. Transcurrido un tiempo, mostrarán que son capaces de utilizar esa autonomía de un modo productivo, o su comportamiento revelará que necesitan más estructura por tu parte. Creo que es el mejor modo de proceder porque entonces, en lugar de cargar con el peso de los malos resultados a un jefe con hábitos de microgestión, verán que esos resultados les son atribuibles y que tú estás dispuesto a aumentar sus cotas de independencia al máximo, siempre y cuando se vea acompañada de una más elevada cota de responsabilidad.

6. Desafíos

Tienes que desafiar a aquellos que diriges. Por desafío entiendo una cantidad de riesgo, sobrecarga e incomodidad para alcanzar los objetivos más elevados. Como dictan las realidades del mercado, los negocios no permanecen estáticos, sino que crecen o perecen. Esto es cierto en cualquier contexto organizativo: las organizaciones no gubernamentales necesitan buscar de continuo nuevos modos de satisfacer las necesidades. Las iglesias necesitan dedicar un tiempo a ver cómo su mensaje y su visión se puede comunicar del mejor modo posible. Los consejeros necesitan asistir a talleres para aumentar sus habilidades. Es decir, que el desafío es una parte esencial del liderazgo, pero es necesario saber cuál es la cantidad adecuada de desafío. Ya se trate de promociones, bonos, cuotas u objetivos de grupo, debes fijar objetivos que sean funcionales para tu gente y para ti.

El desafío es estresante por naturaleza. Causa incomodidad, pero no es necesariamente algo malo. Investigaciones médicas y psicológicas muestran que un cierto nivel de estrés es bueno para nosotros: vivir con plazos de entrega, tener que prepararse para un discurso, tener que llegar a tiempo a una reunión. Estos retos elevan nuestros niveles de adrenalina y cortisol, nos ponen en alerta y afilan nuestra percepción. Requieren más de nosotros de lo que es normal, de modo que acabamos siendo capaces de sobrecargarnos y desempeñar a un nivel más alto. Esta clase de estrés, en la dosis adecuada, hace crecer nuestras habilidades, competencia y resultados. Enfrentarse a un reto es el modo en que los atletas de élite baten récords mundiales.

Sin embargo, un reto demasiado exigente y que provoque demasiado estrés, puede ser debilitante. Si el nivel de estrés es demasiado elevado, o sus efectos duran demasiado, la gente no solo se desanima, sino que puede llegar a padecer problemas de salud. Desde el punto de vista directivo, seguramente habrás visto que cuando alguien tiene una meta que es imposible de alcanzar, el resultado no les favorece. Un desafío ayuda, pero una vez que has llegado al nivel que va más allá de la incomodidad y que llega directamente a incapacidad, las cosas comienzan a desmoronarse.

En el otro lado de la ecuación, la ausencia o la escasez de retos y estrés es una fórmula que no funciona para lograr el éxito en el liderazgo. Sin ese desafío, tendemos a permanecer en nuestra zona de confort. La gente ficha para entrar, se deja llevar por la rutina y ficha para salir. Esto también es reflejo de la naturaleza humana. Si tienes una organización estable con objetivos mediocres, quizás pienses que una mentalidad sin desafíos puede funcionar, pero ¿quién quiere llevar a la gente a la mediocridad? No solo eso. Es que la mentalidad de cero desafíos no funciona en realidad por el principio de crece o muere. Como se suele decir, las organizaciones y los equipos crecen o perecen. No hay término medio.

Tu tarea es generar el ratio justo de desafío, más allá de la zona de confort, y pararte antes de llegar al bloqueo y el desánimo. Puedes hacer parte de esta tarea creando un contexto para la pasión, como ya hemos hablado antes. A la gente que siente pasión dentro no le preocupa enfrentar un desafío. De hecho, sienten una compulsión interna que los empuja hacia los desafíos. No necesitan que los motives. Necesitan que tú les proporciones una estructura que les permita avanzar hacia el objetivo.

Otro aspecto relacional del liderazgo eficaz es comprender y entrenar la actitud de tu gente hacia el desafío. Como líder, tienes que crear una cultura que vea el desafío como algo bueno para todos, y que lo considere como una realidad normal. No es un nuevo proyecto que vamos a probar, ni un modo de hacer que la gente trabaje más, sino que las organizaciones son así.

Tienes que comprender cómo ven el reto aquellos a los que diriges. Esta capacidad es altamente relacional. La gente tiene reacciones diferentes en cuanto al estrés del desafío se refiere. Hay quien considera que la vida es, en esencia, eso, lo cual es bastante bueno. Estas personas tienden a asumir una gran responsabilidad en sus vidas. Asumen su éxito y su fracaso sin buscar culpas en el mundo exterior. Ven el valor de los objetivos que los ponen a prueba y utilizan lo que han aprendido aun si no llegan a la meta. Estos individuos son tus aliados en el cambio. Al igual que los que tienen pasión, no necesitas motivarlos, del mismo modo que tienes que crear el sistema que los ayude a tener éxito. Y cuando tienes una persona que asume sus responsabilidades y que muestra una actitud positiva hacia el desafío, ¡clónala! Es oro puro.

Tengo un amigo que es así. Se desayuna un desafío todas las mañanas. Empezó a trabajar para una empresa de repuestos para el sector de la automoción cuando era adolescente. Permaneció en esa empresa mucho tiempo y se enfrentó a todos los desafíos que le planteó el dueño. Hacía inventarios, ventas, contabilidad... todo. El dueño le fue planteando toda clase de objetivos, viendo la clase de joven que era mi amigo. Constantemente lo ponían a prueba y estaba siempre sobrecargado. Si había algún objetivo que no lograba alcanzar la primera vez, hacía sus deberes y lo lograba la segunda. Era un sueño. Como es de esperar, esto acabó siendo un problema para el dueño con el paso del tiempo. Lo más probable era que mi amigo acabase abriendo su propia tienda al otro lado de la calle, pero el dueño fue lo bastante listo para solucionar el problema ofreciéndole a mi amigo una participación en la empresa, y allí sigue hasta hoy. La empresa va de maravilla.

Sin embargo, habrá otros que entren en tu esfera de liderazgo con menos entusiasmo hacia los retos. Se resistirán, ya que no se sienten cómodos con «sentirse incómodos». Algunos lo lamentarán y te creerán dominante y agresivo. Otros se lo tomarán como algo personal, como si debieras estarlos estimulando con golosinas porque te gustan. Y otros se sentirán desbordados y reticentes, en muchas ocasiones debido al estrés y a las dificultades presentes en sus vidas personales.

La mayor parte de las ocasiones, estas personas pueden ser formadas para que acepten y comprendan el valor del reto. Puede que haga falta mantener conversaciones en las que escuches e intentes comprender su reticencia y en las que, al mismo tiempo, insistas una y otra vez en que es lo normal, lo que cabe esperar, y que es bueno. Así son las cosas, no van a cambiar, y confías en ellos.

Siempre habrá un porcentaje de personas que, por la razón que sea, están atrapadas en su deseo de permanecer en la zona de confort. Verán el estrés como algo perjudicial, y no modificarán esa actitud. Por supuesto que tú tendrás que seguir haciendo con ellos tu trabajo de motivación para intentar que acepten el desafío. Algunos pasarán por el aro, pero, al final, puede que resulte inútil que inviertas el ochenta por ciento de tu tiempo con el veinte por ciento que no van a querer hacerlo. Puede que lo mejor sea ayudarles en el proceso de lograr el éxito para alguna otra organización.

Una vez comí con un empresario de éxito que llegó a decirme que uno de sus mayores objetivos en la vida era ¡no tener ni un ápice de estrés! Me costó trabajo imaginarme cómo, teniendo esa actitud, había logrado lo que había logrado, porque la verdad es que su éxito era sorprendente. Al final, y a medida que lo fui conociendo, entendí que tenía una desconexión entre lo que decía y lo que hacía. No estaba viviendo lo que decía. En realidad, era un hombre orientado a los objetivos, enfocado siempre en sus desafíos y sus retos, una persona cuyo talento y nivel de motivación le habían catapultado al éxito. Aunque decía tener un nivel cero de estrés, en realidad eso era un sueño: esperaba que llegase un día en el que no tuviera nada que hacer aparte de sentarse en una hamaca y beber limonada, y por supuesto eso no tenía nada que ver con su día a día. En general, no se logra el éxito si no se es una persona que se enfrenta a los desafíos, algo que siempre va emparejado con el estrés, así que utiliza tus habilidades relacionales para fomentar esta habilidad en tu gente.

7. Retroalimentación del desempeño

Como ya sabes, necesitas algún sistema o proceso para evaluar el progreso de las personas a las que diriges. Ya se trate de una evaluación mensual del desempeño, una revisión anual u otro mecanismo, es una parte necesaria del liderazgo formal. Parte de lo que haces tiene que ver con evaluar progresos, objetivos, analizar problemas y entrenamiento. Aunque gran parte de la retroalimentación del desempeño tiene en cuenta información objetiva, tus habilidades relacionales pueden interpretar un papel importante en hacer que este proceso resulte valioso y útil.

La retroalimentación sobre el desempeño se aplica a cualquier tipo de estructura organizativa, y necesita encajar en la organización a la que califica. Por ejemplo, una organización sin ánimo de lucro puede tener un modo más informal de poner en conocimiento de sus voluntarios cómo les va porque no hay consecuencias sobre los datos contrastados tales como la presencia o la ausencia de un aumento, un bono, una comisión o acciones. Los voluntarios están allí porque creen en la misión de su organización, y pueden marcharse en el momento que lo deseen. No lo olvides si lideras a un grupo de voluntarios. Aunque necesitan esa retroalimentación, tu trabajo es también ayudarles a estar tan motivados y comprometidos como sea posible.

Entonces, ¿cómo compartir la información sobre el desempeño de un modo relacionalmente productivo? En primer lugar, *necesitas normalizar el proceso evaluador en sí*. Con frecuencia esta retroalimentación no se considera necesaria, ni positiva, ni parte integral del trabajo, sino que se aborda con miedo y rechazo, tanto de parte del evaluador como de los evaluados. Seguramente habrás visto episodios de ansiedad, de que los propios fallos queden expuestos, de temor a las críticas, de ansiedad por la posibilidad de perder un agradable compañero de trabajo, vergüenza e, incluso, miedo a perder el puesto de trabajo. En realidad, nadie disfruta dando una evaluación negativa, pero puede ser una experiencia más positiva si se hace bien.

En segundo lugar, *habla con la persona sobre lo que va a suceder antes de que tenga lugar la evaluación*. Si se trata de una revisión informal del desempeño, asegúrate de que la persona sepa cuándo está programado hacerse y qué es. La tendencia es que el miedo y la ansiedad crecen con el tiempo antes de un evento así. Sin embargo, saber que reconoces que una evaluación puede ser estresante y que, como evaluador, comprendes la ansiedad puede hacer que la espera sea mucho más llevadera para la persona en cuestión. El resultado puede ser que la evaluación en sí misma se vea menos influida por la emoción y pueda centrarse mejor en las cuestiones reales así que, antes de una revisión programada o una sesión de retroalimentación, pregúntale a tu subordinado qué espera que ocurra en una reunión así y qué piensa de ello. Esto no tiene por qué tener un componente emocional alguno. Es simplemente un momento en el que escuchas tranquilamente, y que puede contribuir a que la evaluación vaya mejor.

Cuando estés comunicando los datos de la evaluación, *es importante reconocer las causas subyacentes por las que se han alcanzado, o no, los objetivos*. Es decir, que los números salgan es estupendo. Si no lo hacen, es algo que quieres tener controlado. Pero hay razones por las que esa persona no ha podido hacerlo, o lo ha logrado. Si le ayudas a ver lo que hizo o dejó de hacer, es mucho más probable que la próxima vez obtenga mejores resultados. Nunca se trata *solo* de los números. Los números existen como una señal para identificar las causas que puedes notificar y modificar. Podrían repartirse en áreas como organización y recursos, habilidades requeridas, adecuación, control del tiempo, disciplina y estructura, actitud, circunstancias personales, etc. Utiliza tus propias habilidades relacionales para indagar un poco y ayudarle a considerar que eres el socio que le va a llevar al éxito.

Trabajé con un ejecutivo que estaba desvelando los aspectos de toda su vida laboral para analizarlos uno a uno y ver qué se podía mejorar. Uno de esos aspectos era su relación de trabajo con su asistente. Este es un puesto clave para un ejecutivo, ya que su asistente es el pegamento que mantiene unida su vida laboral. Sus tareas incluían su organización, monitorizar sus proyectos y representarlo ante el mundo. Aunque era una mujer con una buena formación y altamente competente, él pensaba que no estaban maximizando el potencial de su trabajo juntos. Le parecía que ambos podían alcanzar una mayor eficacia en su relación laboral.

En aquel momento yo había llegado a tener una comprensión suficiente de aquel ejecutivo, de su papel y de cómo funcionaba, de modo que decidí entrevistar también a su asistente. Era muy competente, pero cuando terminé de comprender cómo era su relación laboral con él, me di cuenta de que había un área que se podía mejorar y que tenía que ver con el contexto de su trabajo. La naturaleza de su trabajo requería que él viajase mucho, y ambos viajaban en coche y en avión a distintos lugares. Necesitaban mantener encuentros «cara a cara» con la gente, de modo que se pasaba tanto tiempo en la carretera como en el despacho.

Como suele ocurrir, el ejecutivo llamaba a su asistente mientras conducía, o en los aeropuertos entre vuelos, para que ambos pudieran ponerse al día y tomar decisiones en tiempo real. Esto estaba bien, pero ella nunca sabía cuánto tiempo iba a pasar revisando con él la lista de cosas por hacer. No sabía si tenía un minuto o treinta, y sin esa información nunca sabía si hacerle un resumen pormenorizado o somero, y su ansiedad hacía que se atropellara y cometiese errores, algo que los frustraba a ambos, pero como no quería añadir carga al estrés que ya tenía su jefe, decidió no decir nada e intentar manejar su ansiedad sola.

Fue bastante sencillo decirles a ambos que su eficacia mejoraría si, cada vez que llamara, empezara diciendo tengo tanto tiempo. Los dos se sintieron aliviados y les gustó la idea. Pero aún fuimos un paso más allá. Le dije a él: «Eso está bien, pero el problema es que hay seguramente más cosas como esta que teme decirte, y quiero que le hagas saber que no pasa nada». Y a ella le dije: «Quiero que hable abiertamente sobre estas cuestiones. Es por su beneficio».

En mi opinión, tenían un problema relacional de fondo: la asistente tenía miedo de hablar, y el ejecutivo, solo porque era una persona muy ocupada, no se había dado cuenta de su incomodidad.

La finalidad de esta historia es transmitir el hecho de que una retroalimentación eficaz sobre el desempeño identifica las causas subyacentes de las ganancias y de las pérdidas. Si hubiéramos concluido solo con el jefe diciendo: «Te diré de cuánto tiempo dispongo», la asistente no habría podido lidiar con sus temores de presentarle los problemas, y mientras un síntoma habría mejorado, un montón de dificultades se habrían quedado sin resolver.

Finalmente, es importante que puedas *escuchar las respuestas de la persona a la apreciación*. El proceso de revisión sale bien cuando todo el mundo queda en la misma página de desempeño y objetivos, pero es habitual que la persona que es liderada tenga diferencias, sentimientos u otras perspectivas sobre lo que ocurre. Si te niegas a escuchar y comprender esas preocupaciones, corres el riesgo de negar cualquier valor que pueda tener el proceso. Cuando la gente se ve malinterpretada y no siente que tenga permiso para aclarar su experiencia, simplemente desconecta con el líder por dentro, aunque por fuera siga asintiendo y tomando notas.

Todo líder perceptivo ha tenido esta experiencia: hace la revisión, expone sus puntos de vista y ofrece consejo. La persona con la que está trabajando parece estar siguiendo su exposición, pero sabe que algo no va bien: las luces están encendidas, pero no hay nadie en casa. Ha llegado el momento de utilizar tus habilidades relacionales para preguntar: «Necesito saber lo que piensas sobre lo que dice el informe. Y no me importa que estés en desacuerdo. Es más, pienso que favorecería el proceso». En la mayoría de las ocasiones, la respuesta de la otra persona no supondrá una gran diferencia en la apreciación o en los pasos a seguir, pero sí que marcará una gran diferencia en su disposición a cooperar en el futuro. La gente que se siente escuchada se muestra mucho más dispuesta a hacer un esfuerzo extra.

No te prepares para ser pillado por sorpresa

Utilizar el mundo relacional es una parte significativa de lo que es liderar con intuición, pero no significa que haya que transformarse en un consejero en lugar de ser un líder o un jefe. Se trata de ser lo que y quien estabas diseñado a ser en un primer lugar: una persona relacional. Y se trata de utilizar tus capacidades relacionales para «leer el paisaje». Esto contribuirá a que no te pillen por sorpresa las decisiones y las reacciones de aquellos que lideras.

Los líderes que cortocircuitan o evitan los aspectos relacionales de su papel se sorprenden cuando la gente se vuelve distante con ellos, se muestra resentida o simplemente se marcha. Los líderes relacionales tienen la capacidad de ver los síntomas en la distancia mucho antes, y tienen tiempo de tomar medidas correctivas. Y lo que es todavía más importante: son ellos quienes instilan confianza y esperanza en la gente, porque se toman el tiempo necesario para conectar. Son ellos quienes lo dan todo para alcanzar su visión.

PARTE V

TRANSFORMACIÓN

CRECER COMO LÍDER

El 15 de junio de 2006, Microsoft Corporation anunció que su fundador y presidente, Bill Gates, iba a abandonar la gestión del día a día de su compañía para involucrarse más en la Bill and Melinda Gates Foundation, una organización filantrópica que se centra en la salud y la educación globales. En aquel momento, su decisión despertó un gran interés y una tremenda especulación sobre por qué Gates iba a dar ese paso en un momento en que su empresa había alcanzado un éxito histórico en su terreno y en su liderazgo. Algunos dijeron que era un movimiento estratégico porque la competencia por fin le estaba alcanzando. Otros dijeron que el movimiento se debía a que sus colegas en Microsoft habían llegado a dirigir la empresa mejor que él. Fueran cuales fuesen sus razones, parecía evidente que Gates tenía un deseo real y consistente de involucrarse en un panorama más grande de la vida. Quería tener un impacto adicional en su mundo, liderar por un camino distinto. En otras palabras, *estaba decidido a dirigir su vida y su liderazgo al siguiente nivel*.

Cuando tomó esa decisión, aquellos que cuestionaron su movimiento porque podía ser costoso y equivocado, y pensaron que Gates iba a malgastar su considerable influencia, resultó que se equivocaban. Con el tiempo, su decisión ha magnificado su indiscutible capacidad para marcar la diferencia en el mundo. Consideremos solo unas cuantas cifras de lo que la Bill and Melinda Gates Foundation han hecho en el mundo:

- Han recibido tratamiento de antirretrovirales para el SIDA 7,3 millones de personas.
- El número de casos registrados en diez de las más virulentas enfermedades tropicales ha pasado de 3,5 millones en 1986 a 22 casos en 2015.
- Han sido distribuidos 450 millones de mosquiteros para combatir la malaria.
- 3 millones de familias han tenido acceso a una variedad de maíz que tolera la sequía.[1]

Con esto no pretendo restar importancia a la contribución que ha hecho Bill Gates al mundo de la tecnología y los negocios. Marcó la diferencia y mejoró la forma en que el mundo se comunica y trabaja, pero cuando una experiencia le llegó a un nivel más hondo, cambió la dirección de su vida y el foco de su liderazgo. En una entrevista con Charlie Rose, Melinda Gates describió cómo todo cambió el día que su esposo visitó un hospital para tuberculosos en África:

Cuando estamos de viaje nos llamamos con frecuencia. Prácticamente a diario. Pero aquella llamada era diferente. Bill casi no podía hablar... porque había visto de primera mano en un hospital para tuberculosos lo espantoso que es tener esa enfermedad... Me dijo literalmente: «Es una sentencia de muerte. Ir a ese hospital es recibir una sentencia de muerte». Así que decidió no solo donar dinero a ese hospital, sino hacer cosas que pudieran ayudar a miles y millones a salir de la pobreza.[2]

El impacto emocional de esta experiencia fue transformador para Gates. La palabra *transformar* implica algo diferente y más profundo que el mero cambio. Quedar transformado es experimentar una reorientación total, algo que ocurre de adentro hacia afuera. Piénsalo de este modo: *cambiamos* una casa con una mano de pintura; *transformamos* una casa con una remodelación. La transformación es un cambio completo en lo más hondo de tu ser, un cambio que nos aporta una nueva perspectiva de la vida, que a su vez nos conduce a comportarnos de manera diferente y a dar un nuevo impulso a nuestros valores en la vida y en el liderazgo.

La Biblia pone un gran énfasis en la transformación. De hecho, no se considera una opción, ni para un líder, ni para cualquiera que decida seguir a Cristo. Cuando hablamos de transformación, el Nuevo Testamento suele utilizar el término de origen griego *metamorfosis*. Es la palabra que utilizó Mateo para describir la transfiguración de Cristo: «Y se transfiguró delante de ellos, y resplandeció su rostro como el sol, y sus vestidos se hicieron blancos como la luz» (Mateo 17.2). El apóstol Pablo encarga a sus lectores «transformaos por medio de la renovación de vuestro entendimiento», y describe nuestra relación con Cristo como una experiencia en la que «somos transformados de gloria en gloria en la misma imagen» (Romanos 12.2; 2 Corintios 3.18).

Metamorfosis es un proceso que consiste en mucho más que un mero crecimiento (el efecto de hacerse más grande, más fuerte o más sabio, por ejemplo). Una metamorfosis es un cambio completo de un estado a otro superior: un gusano se transforma en mariposa y un renacuajo, en rana. Pablo escribe sobre el viaje cristiano de la misma manera: «De modo que, si alguno está en Cristo, nueva criatura es; las cosas viejas pasaron; he aquí que todas son hechas nuevas» (2 Corintios 5.17).

Como líder, no cabe duda de que necesitas hacer cambios externos, y haciéndolos añades un gran valor a tu organización, pero no puedes ignorar la necesidad de un cambio interior. La transformación es verdaderamente liderazgo desde la intuición, ya que requiere mucho más que afinar tus habilidades, seguir las mejores prácticas o implementar las últimas estrategias de liderazgo. Literalmente requiere de todo tu ser, tu energía y tu vida. Y requiere un compromiso con el proceso de transformación: la decisión de abrazar un estilo de vida de crecimiento continuado y un cambio desde el interior.

Capítulo 10

CRECIMIENTO PERSONAL ES IGUAL A CRECIMIENTO DEL LIDERAZGO

Andrew lidera un equipo de seis personas en una organización sin fines de lucro que se dedica a sistemas de purificación del agua alimentados con energía solar para su uso en comunidades que no disponen de suministro eléctrico. Los días están siempre ocupados por completo y Andrew disfruta ayudando a su equipo a resolver los problemas. Sin embargo, en los últimos meses ha venido convirtiéndose en costumbre que tenga que perder una hora o más cada día con interrupciones y reuniones de última hora. Para acomodar las necesidades de su personal y al mismo tiempo sacar adelante su trabajo, decide ir una hora antes por las mañanas todos los días.

La buena noticia es que Andrew ha identificado un reto y ha hecho un cambio positivo para mejorar las cosas, aunque se trata de un cambio que lleva aparejado un coste: ahora ha perdido una hora que podría dedicarle a su familia o haciendo algo que le guste, como trabajar al aire libre. Es decir que, para solventar un problema laboral, ha creado un problema en su vida personal. Para poder ir más allá del cambio y entrar en la transformación, necesita ahondar y considerar *por qué* hubo de enfrentarse a ese problema en un primer lugar. ¿Por qué pierde tanto tiempo productivo por culpa de la tiranía de lo urgente? Una hora al día no es una pérdida insignificante.

Imaginemos que, mediante una relación con un tutor, él se da cuenta de que, aunque adora su misión y a su gente, le cuesta decir que no a las peticiones de última hora, en particular cuando llegan al final de la jornada laboral. En lugar de decir: «Tengo que irme; hablaremos de ello mañana», se queda el tiempo necesario para ayudarles. Mientras el compromiso con su personal es admirable, su tutor sospecha que puede haber más. Cuando se le pregunta por qué no puede decir que no, Andrew admite que teme desilusionar a su equipo.

Andrew sigue ahondando para entender el porqué después de ese temor, se da cuenta de que a lo largo de su carrera e incluso antes, mientras crecía, siempre le había costado mucho poner límites a los demás. El sentimiento era el mismo: que desilusionaba a su gente, o que no estaba ahí cuando su personal lo necesitaba, y fue entonces cuando las luces se encendieron para él. En lugar de limitarse únicamente a un cambio exterior (de ir a la oficina una hora antes todos los días), se convenció de que necesitaba hacer un cambio interior: enfrentarse a su miedo y sobreponerse a la necesidad compulsiva de evitar desilusionar a su personal. No es tarea fácil y requiere bastante trabajo, pero con la ayuda y el apoyo de su tutor, poco a poco experimenta la transformación. En lugar de liderar desde un punto de temor (*temo decepcionar a la gente*), Andrew comienza a liderar desde un punto de salud y fuerza (*puedo y me haré responsable de cómo empleo mi tiempo y mi energía*).

¿Ves la diferencia entre cambio y transformación en este escenario? Al hacer el cambio, Andrew se centra en sus circunstancias; al continuar con la transformación, se centró en sí mismo. Mientras el cambio se limitaba a solucionar dificultades externas, la transformación requirió resolver dificultades interiores y buscar el crecimiento personal. Después ya fue capaz de ocuparse de las circunstancias de un modo que reforzó y apoyó su liderazgo y sus valores.

Dios creó a los seres humanos con un deseo innato de crecimiento y cambio. Eso significa que en realidad estamos diseñados para la transformación. Esta chispa espiritual que llevamos dentro es lo que suscita tus deseos de mejorar, de crecer, de alcanzar el éxito en todos los aspectos de la vida: liderazgo, amor, trabajo, desarrollo personal y objetivos. Esta parte de ti no se ve satisfecha con el *statu quo*, sino que te empuja a transformarte para llegar a ser la persona que Dios creó para que fueras: «Transformaos por medio de la renovación de vuestro entendimiento» (Romanos 12.2).

Si de modo consistente persigues el crecimiento personal y la transformación, estarás en el camino del cambio y de la superación de tu liderazgo. Cuando la transformación se convierte en una forma de vida en sí misma, cambiará inevitablemente tu modo de dirigir a los demás. Estarás enraizado en el presente, pero mirando siempre al futuro, a cómo puedes ser no solo una *mejor* persona o líder, sino fundamentalmente alguien *diferente*.

La transformación de tu mundo interior es lo que aglutina todas las demás partes del liderazgo que ya hemos explorado: valores, pensamientos, emociones y relaciones. No estás diseñado para permanecer estático, labrado en piedra, terminado. Has sido creado para crecer: para madurar y afinar tus valores, para incrementar la complejidad de tus pensamientos, para desarrollar tu repertorio emocional y para operar como líder altamente relacional. La transformación, el proceso de desarrollar la parte de ti que puede crecer, integra todos los aspectos de tu mundo interior. Esta es la esencia de liderar con tu intuición.

El liderazgo transformador no es una idea nueva. De hecho, ha sido un concepto bien investigado y valioso por algún tiempo.[1] Sin embargo, la frase tiende a emplearse para distinguir entre lo que es simplemente dirigir a otros y lo que significa inspirarlos para que su desempeño alcance su máximo nivel. Este capítulo versará sobre un aspecto más específico y centrado de la transformación. Tiene que ver con tu desarrollo personal como líder y no meramente con tu modo de liderar.[2] Cuando estás decidido a crecer como persona, empezarás a liderar desde una perspectiva y una actitud diferentes.

Después de trabajar con muchos líderes a lo largo de los años he descubierto tres iniciativas que son particularmente efectivas ayudando a los líderes a priorizar su crecimiento personal y su transformación. La primera es sobre la intencionalidad, la segunda sobre la conciencia de uno mismo y la tercera sobre el modo de lidiar eficazmente con el tiempo.

1. Comprométete con el crecimiento

El crecimiento personal y la transformación tienen lugar en una variedad de formas, pero el crecimiento intencionado requiere estructura. Es decir, tu mundo interior necesita relaciones y tareas en las que puedes encontrarte conectado, reforzado, comprendido, guiado e incluso sanado. El crecimiento intencionado aprovecha bien el tiempo que se le dedique, y también puede evitar que muchos problemas menores acaben llegando a ser preocupantes.

Hay muchos modos de crear una estructura o un plan de crecimiento, desde la intervención de un tutor o la relación con un mentor que se «cuela bajo la piel», hasta un pequeño grupo, pasando por un consejero profesional, dependiendo de la situación y la necesidad. La cuestión es que como líder necesitas una relación estructurada en la que puedas trabajar para ti mismo, y no solo en tus habilidades de liderazgo. Y ese contexto relacional se traduce en un mejor liderazgo para ti. Tener un contexto específico y una estructura diseñados para tu trabajo interior es la piedra angular del crecimiento y la transformación.

La transformación personal no es algo que puedas hacer solo. Requiere de la relación con otras personas, bien sea individualmente o en grupo, simplemente porque no posees los elementos que necesitas dentro de ti mismo para crecer de un modo significativo. Necesitas aceptación y seguridad que provenga de otros para que puedes enfrentarte a realidades difíciles. Necesitas apoyo y retroalimentación para poder ver qué ocurre en tu interior. Necesitas personas perceptivas que puedan ayudarte a encontrar los puntos ciegos. Necesitas guía y conocimientos de quien comprenda el proceso de crecimiento y transformación para que no tengas que tomar de nuevo caminos con más curvas de las necesarias. Y necesitas a alguien que pueda entender e identificar de qué se trata todo esto del crecimiento y del liderazgo, ya que ambos requieren de personas que «lo pillen», de modo que asegúrate de que quienes tomen parte en este crecimiento sean personas seguras, comprensivas, honradas y competentes: la clase de personas en las que puedes confiar y que son también como las personas en quien te quieres convertir.

Una vez que hayas organizado tu estructura relacional, la siguiente tarea es la de identificar las áreas de crecimiento personal en las que necesitas trabajar. A veces las dificultades serán obvias, pero no siempre. No es extraño que te sientas un poco perdido a la hora de saber por dónde empezar en el crecimiento. Para ayudarte a comenzar, la siguiente sección cubre las áreas de crecimiento más comunes y en las que los líderes escogen centrarse.

Áreas más comunes de crecimiento

Un área de crecimiento es un aspecto de tu carácter que necesita una mejora significativa. Yo defino carácter como «ese grupo de capacidades requeridas para responder a las demandas de la realidad». El líder tiene muchas demandas en su primer plato: financieras, de desempeño y de cultura organizativa, para nombrar algunas. Y el alcance con que él posea y utilice las capacidades adecuadas para satisfacer esas demandas es, a grandes rasgos, la medida del éxito del líder. Para decirlo de una manera sencilla, un área de crecimiento es algo en tu interior que necesita transformación para que puedas vivir, relacionarte, liderar y ejecutar al máximo de tu capacidad.

Una buena parte del proceso de crecimiento tiene que ver con ser capaz de abordar cuestiones subyacentes que tienden a interponerse tanto en el liderazgo como en la vida. Significa identificar las áreas en las que aún no estamos donde deberíamos, y dar los pasos necesarios para hacer frente a esas dificultades. A continuación, te ofrezco algunos ejemplos de dificultades de crecimiento a las que los líderes se enfrentan habitualmente y han de resolver positivamente.

Autosuficiencia. Aunque suele formar parte de la urdimbre sobre la que se teje la formación de un líder, la tendencia a ser una persona independiente es una obligación, no un factor positivo. Necesitas tener unas cuantas relaciones importantes en tu vida, a menudo fuera del ámbito de tu liderazgo y tu trabajo, relaciones en las que te puedas soltar la melena y ser vulnerable con regularidad. La autosuficiencia es un factor valioso cuando te proporciona libertad para elegir, pero se transforma en un lastre cuando obstaculiza tu capacidad para confiar en otras personas a un nivel personal hondo y vulnerable.

Fomenta tu capacidad para franquear la entrada a los demás y depender de ellos, no solo para recibir su consejo, sino simplemente para disfrutar de su presencia. Los líderes que aprenden a confiar y a apoyarse en unas cuantas personas pueden convertirse en el apoyo de muchos, mientras que aquellos que no son capaces de apoyarse en nadie corren el peligro de no desarrollar todo su potencial. Por eso nos ocupamos de la importancia de las buenas imágenes relacionales en el capítulo 8.

Exceso de responsabilidad. La tendencia a asumir demasiadas cargas es una dificultad importante para el crecimiento de los líderes. Suelen asumir la responsabilidad de las decisiones de los demás, de sus fracasos e incluso de su bienestar. No puedes ser el soporte vital de todo el mundo. El proceso de crecimiento puede ayudarte a aprender a definir con claridad quién eres y cuál es tu papel, de modo que hagas solo lo que puedas hacer y permitas que cada cual asuma la responsabilidad de su propia vida.[3]

Es una experiencia transformadora comprender de dónde viene ese exceso de responsabilidad, lo fuerte que puede ser, qué es lo que tiene que ver con relaciones significativas y lo importante que es el papel de la culpa en este caso. Los líderes que soportan un exceso de responsabilidad pueden aprender, con un poco de trabajo y apoyo, a poner los límites en el punto adecuado, a lidiar con sus miedos y a avanzar a un nivel superior de funcionamiento e influencia.

Incapacidad para la confrontación. La confrontación no es un problema para un líder de éxito. Hace mucho que quedó establecido así. No obstante, cuando los seminarios y talleres sobre una confrontación eficaz no producen los resultados apetecidos suele ser porque el problema es en realidad una dificultad de crecimiento personal, una cuestión de transformación y no de habilidades.

El proceso de crecimiento puede ser muy útil a la hora de resolver la incapacidad para la confrontación, ya que proporciona el aprendizaje necesario para confrontar o puede mejorar el entrenamiento. A menudo suelo descubrir que los líderes temen desilusionar a los demás, herirlos, provocar su alejamiento o experimentar su ira. Estos temores hay que solucionarlos para ver mejoras en esta importante capacidad.

¿Cómo identificar tus propias dificultades de crecimiento? Quizás el modo más sencillo es hacer lo que yo llamo «localizar la raíz de la fruta podrida». Jesús nos ofreció el fundamento para este principio cuando dijo: «No puede el buen árbol dar malos frutos, ni el árbol malo dar frutos buenos» (Mateo 7.18). Empieza nombrando algunas dificultades presentes en tu vida y en tu liderazgo, y a continuación analiza tu interior para ver qué obstáculos pueden estarlas provocando. Por ejemplo, la fruta podrida puede ser las puertas giratorias por las que el personal o los voluntarios estén abandonando tu organización. La raíz o la causa (exceptuando lo que escape a tu control, como cambios en los mercados o la economía) podría ser un gran número de cosas, por ejemplo, tu tendencia a pasar por alto cuestiones negativas, microgestión y control, o no saber afrontar la confrontación de un modo saludable.

Es posible que pienses: *Ah, esta parte ya me la sé. Es sobre mis debilidades y mis puntos fuertes. Ya me han valorado y sé cuáles son los míos.* En realidad, el crecimiento en carácter no es lo mismo que trabajar los puntos fuertes y las debilidades, y nos ayudará considerar la diferencia entre ambos.

Debilidades y puntos fuertes

Se ha llevado a cabo una ingente cantidad de investigación sobre los puntos fuertes y las debilidades del liderazgo. Una importante corriente de pensamiento, representada por voces autorizadas como la de Peter Drucker,[4] Marcus Buckingham y Donald Clifton,[5] dice que tiene más sentido invertir tiempo y energía en desarrollar tus puntos fuertes personales y los de tu gente que desarrollar tus debilidades. Es decir, que estás perdiendo el tiempo intentando hacer de una persona de números otra de *marketing*, y viceversa. La investigación parece demostrar con claridad que la mejor dirección que se puede tomar es la de construir sobre lo que es fuerte y arreglárselas con lo que es débil.

Pero hay una cuestión contextual importante aquí. Necesitamos hacer una distinción una vez más entre lo externo y lo interno. Centrarnos en los puntos fuertes funciona solo cuando tratamos con factores externos: habilidades de liderazgo, competencias, talento y dones. Cuando nos referimos a los internos: nuestro carácter, las dificultades en el crecimiento y nuestra capacidad de relacionarnos, no tenemos la opción de *arreglárnoslas* con los puntos débiles. Necesitamos resolverlos.

Una debilidad de carácter no es una parte de nuestras conexiones neuronales del mismo modo que lo son nuestros dones y talentos. No fuimos diseñados para ser autosuficientes, sobrerresponsables o incapaces de mantener una confrontación. Esas debilidades provienen de nuestras experiencias relacionales más importantes, de nuestros antecedentes o de nuestras propias elecciones, de modo que cuando hablamos de carácter, no tenemos que arreglárnoslas o aceptarlo como una realidad fatal que siempre seremos así porque siempre hemos sido así. Siempre hay esperanza de crecimiento y transformación. El proceso de crecimiento funciona. Funciona con las debilidades de carácter personal y las dificultades. A lo largo de los años he visto que funcionaba con miles de personas, muchas de ellas líderes.

Por ejemplo, el líder de una compañía llamado Brad me pidió ayuda para que reforzase las habilidades directivas de su gente. Brad no fue quien tomó la iniciativa y acudió a verme, sino que fue su jefe quien le envió a mí. Al jefe le preocupaba que Brad, a pesar de estar bien formado, y de ser un trabajador esforzado y ético, simplemente sentía desagrado por las personas que trabajaban a sus órdenes. No podía motivarlos. No es que a ellos les disgustase, pero tampoco lo contrario, de modo que estaba afectando a la cultura de la organización. Cuando nos sentamos, Brad dijo: «Creo que el trato con la gente no es lo mío. No sé si debería cambiar hacia un área más tecnológica».

Estas palabras son un reflejo claro de la interpretación errónea de nuestras conexiones neuronales: *no se me dan bien las personas. Simplemente soy así.* En el caso de Brad, era una opinión innecesariamente fatalista sobre las debilidades de su carácter.

La entrevista fue avanzando y me quedó claro que Brad tenía una debilidad en el área de la autosuficiencia de la que hemos hablado antes. Había crecido en una familia altamente funcional de gente que permanecía unida y que era muy positiva pero, al mismo tiempo, en su familia no había sitio para la necesidad y la dependencia, de modo que no podía apoyarse en nadie cuando se sentía solo o asustado. En su lugar, el mensaje era sé fuerte y lucha por lo que quieres. Era el mensaje adecuado cuando necesitaba ánimo, pero equivocado cuando necesitaba consuelo y apoyo. Cuanto más lo mirábamos, más veíamos que Brad consideraba el trabajo y el liderazgo como algo que debía ser totalmente autónomo en cuanto a motivación, y que había tenido que extraer sus propias respuestas. Para él, todo se trataba de fuerza de voluntad y de intentar las cosas con más ahínco, pero nunca de pedirle ayuda a los demás.

No tardó en ver esta debilidad ni en tomar los pasos transformadores que necesitaba para superarla. Encontró un equipo de apoyo de ejecutivos cuyos miembros hablaban tanto de las dificultades del trabajo como de las personales, y le fue de gran ayuda. Brad experimentó la realidad integradora que era ser competente, inspirador y capaz. Salió de su estado autosuficiente y comenzó a conectar relacionalmente. Como te podrás imaginar, esta transformación se trasladó a continuación a su liderazgo. Aprendió a leer a su gente y a entenderla, y al mismo tiempo fue capaz de inspirarlos y elevar sus estándares.

Lo importante aquí es que si tienes un defecto o una dificultad de carácter, no hay razón para tirar la toalla. Puedes mejorar muchísimo a nivel transformacional. Las debilidades de carácter, contrario a las debilidades de competencia o estilos, deben ser transformadas, no toleradas.

2. Obsérvate a ti mismo

Para acceder a la parte de ti que está creciendo, necesitas también la habilidad de observarte a ti mismo. Es importante que adquieras el hábito de mirarte con regularidad, y hacerlo de un modo determinado. Los psicólogos llaman a esta capacidad el *ego observador*, y es una parte muy útil de tu mente. En la observación de ti mismo, monitorizas desapasionadamente tus comportamientos, palabras, emociones y actitudes, todo ello *sin criticar ni juzgar*. La tarea de ese momento es simplemente observar y vigilarte a ti mismo desde la distancia, como si fueras el personaje de una película. Puedes observar aspectos positivos y negativos de ti. Podrías reparar en que sabes escuchar mejor de lo que pensabas, y eso te dará ánimos. O puedes reparar en que le das demasiado tiempo a la gente para charlar del mar y de los peces cuando tienes tareas importantes con límite de tiempo que tienes que acometer. O puedes darte cuenta de estas dos cosas al mismo tiempo, en la misma conversación, ¡a mí me ha ocurrido!

Entonces, una vez que has observado lo que haces, serás más capaz de acometer las transformaciones que haya que hacer.

La observación de uno mismo suele ser un catalizador para el crecimiento personal. Nos lanzamos a cambiar lo que observamos, lo que sabemos, lo que experimentamos. Echemos un vistazo a tres claves para poder ejecutar una autoobservación eficaz.

Observa cómo afectas a los demás

Todos somos como piedras lanzadas a un río. Nuestras actitudes y acciones crean un efecto onda que impacta en todo nuestro entorno, y esto ocurre de manera especial con los líderes. Marcamos una diferencia en las actitudes, pensamientos y valores de aquellos que dirigimos. Debes prestar mucha atención al efecto que tienes en los demás, o dejarás de tener el impacto que deseas. Por eso los capítulos de la parte cuatro sobre el mundo relacional son tan críticos para ti como líder. Cuanto más relacional seas, mejor podrás ver el impacto que causas en los demás.

Por ejemplo, un ejecutivo de una corporación que conozco estaba tan comprometido con la observación de sí mismo que se sensibilizó de manera especial con los matices de sus subordinados directos, y en una ocasión me dijo: «Sabía que había sido demasiado duro con Sam en la reunión. Cuando salimos, revisé mentalmente lo ocurrido y vi que lo había machacado demasiado innecesariamente. Y Sam se quedó un poco pensativo, lo suficiente para que yo me diera cuenta de que estaba actuando de un modo diferente conmigo. Después hablamos y yo tenía razón. No lo había animado, sino todo lo contrario, lo había desanimado. Me disculpé y ahora estamos bien, pero antes de prestar atención al impacto que tengo sobre los demás, lo ocurrido me habría pasado por alto».

Puede que esto suene como una nadería. El subordinado era un profesional maduro y experimentado, de modo que se había ocupado de gestionar su desilusión y habría seguido adelante. No necesitaba que alguien le diera la mano. Pero considerémoslo desde el otro lado: dedicando apenas un par de minutos a observarse a sí mismo, el ejecutivo fue capaz de invertir un breve momento en una persona valiosa y resolver una cosa nimia que podría haberse transformado en algo mucho más grande con el paso del tiempo.

Observa tus puntos fuertes

La transformación de un líder consiste básicamente en atender comportamientos o actitudes que no funcionan bien, pero te puedes hacer mucho bien a ti mismo fijándote también en los momentos en que estés ejecutando un revés imparable. Mejorar los rasgos que ya sobresalgan en nuestro carácter puede ser muy productivo. Alguien que puede ayudar a su equipo admite defectos sin sentir vergüenza o culpa y puede aprender, con la información y la tutoría adecuadas, a hacerlo todavía mejor. Por eso me gustan tanto las palabras que escribió el apóstol Pablo en 2 Corintios 3.18: «Por tanto, nosotros todos, mirando a cara descubierta como en un espejo la gloria del Señor, somos transformados de gloria en gloria en la misma imagen, como por el Espíritu del Señor». Pasar de un estado de «gloria» a un estado de mayor «gloria» es algo bueno.

Observa tus debilidades

No necesitaríamos observarnos si siempre saliéramos victoriosos de las batallas. El ego observador puede ayudarnos a celebrar nuestros avances, nuestros puntos fuertes y nuestros éxitos, sin duda, pero el mayor beneficio de observarnos es el de poder corregir nuestros errores, algo que a veces es muy difícil para los líderes que soportan una presión tremenda para obtener resultados. Y muchos líderes tienden a ser muy críticos consigo mismos, de modo que la idea de buscar sus propios fallos debe resultarles muy incómoda. También existe otro grupo de líderes que vive exclusivamente para las buenas noticias sobre sí mismos, pasando siempre por alto lo negativo, lo cual es una forma de narcisismo.

Sea cual sea la razón, debes poder enfrentar tus debilidades. *Las realidades negativas de ti mismo que evites hoy serán las mismas que puedan poner en peligro tu liderazgo mañana.* Te irá mejor en cuanto te acostumbres a esta realidad. Vale la pena. ¿Te acuerdas de Randy, el CEO del capítulo 2 que podía lidiar con sus faltas leves, pero no con sus faltas graves? Ten la suficiente gracia y valor para considerar tus faltas graves, tus defectos y errores más graves, así como tus faltas menores. Estarás entonces en disposición de experimentar la transformación.

Obsérvate en el presente

Tu capacidad para observar lo que estés haciendo y *cómo lo estés haciendo* es de un valor incalculable. Cuanto menos tiempo pase entre lo que has hecho y el momento en que te des cuenta de ello, mejor harás los ajustes y las correcciones necesarios. A esto nos referimos con la expresión estar «en el momento». La tarea no es tan fácil como pueda parecer. Los líderes pueden estar tan acostumbrados a pensar de manera continua en el futuro que pasan por alto lo que ocurre a su alrededor. Sé, por ejemplo, que un amigo mío, dueño de un pequeño negocio, estaba en el camino de la transformación cuando me dijo un día mientras hablábamos: «Lo siento, no te estaba escuchando ahora mismo. Estaba pensando en un problema que tengo con el flujo de caja». Fue un buen signo de que estaba observando *en aquel momento* lo que estaba haciendo.

Obsérvate a ti mismo. No dejes pasar ni un día en el que no hayas dedicado unos minutos a volver a ver los vídeos de lo que has hecho y de las conversaciones que has mantenido con la gente. Identifica los patrones y trabaja con ellos.

3. Haz del tiempo tu aliado

Crecer se lleva su tiempo. Ser una persona nueva y mejorada no es algo que ocurra de manera espontánea, sino que se trata de un proceso diario al que necesitas acostumbrarte y con el que has de comprometerte a largo plazo para lograr los resultados en materia de transformación que queremos ver. Para los líderes, el proceso del crecimiento suele llevar más tiempo del que planearon en un principio. Pero como con todo lo demás de la vida, obtienes exactamente el valor de lo que has pagado. Si el crecimiento fuese rápido y fácil ya habrías conseguido todo lo que necesitas lograr a estas alturas. Y si llevas en el liderazgo una cantidad significativa de tiempo, sabrás que construir cualquier cosa con enjundia, ya se trate de una infraestructura, un modelo de negocio o un equipo, requiere un proceso diligente que se lleva su tiempo.

Todos tenemos amigos que brillan como un cometa durante unos cuantos meses, puede que incluso durante años, luego se estrellan y pasan a lo siguiente sin más. Viven en un mundo instantáneo y esperan resultados instantáneos. Y cuando eso no ocurre, pasan a lo siguiente. Tú inviertes energía y recursos en estas personas bajo tu propia responsabilidad, pero un líder inteligente invierte en aquellos que se toman su trabajo y su crecimiento en serio y que van creciendo a lo largo del tiempo.

El mismo principio sabio, llamémoslo «en serio y sin pausa», se aplica a tu propio crecimiento y transformación. Querrás ser una buena inversión para tus propios esfuerzos: sin pausa, y no flor de un día.

Sin embargo, al mismo tiempo, somos responsables de asumir el control del tiempo de que disponemos. El crecimiento tiene su propio ritmo, y es más grande que tú y que yo. El principio bíblico es que hay un tiempo para todo en la vida: «tiempo de plantar y tiempo de arrancar lo plantado» (Eclesiastés 3.2). Simplemente tenemos que hacer nuestra parte y confiar en que el crecimiento sucederá. Y como todo jardinero sabe, no podemos acelerar las estaciones. Dios está a cargo del proceso de crecimiento, ya sea en nuestra organización, en nuestra familia o en nuestra vida personal.

Este suele ser el aspecto más difícil del crecimiento para el líder. No tienes un montón de tiempo, sino que se trata de un recurso bastante limitado. Es imposible aumentar la cantidad de tiempo disponible en tu vida. Y tienes múltiples demandas compitiendo por el tiempo limitado de que dispones. Pero no existe el microondas para el crecimiento personal.

Imagina que te has roto un hueso. Si te negaras a descansar y a seguir la terapia necesaria, podrías ralentizar el crecimiento y la curación del hueso. Pero, aunque hicieras la rehabilitación perfectamente, seguirías necesitando semanas o incluso meses para que el hueso terminara de soldar y tu cuerpo volviera a estar al cien por cien. Necesitarías ser paciente, no darle muchas vueltas y dedicarte a otros aspectos importantes de tu vida y a trabajar mientras el proceso de la curación siguiera su curso. El mismo principio se aplica a tu crecimiento interno y a tu curación. Si haces lo que debes, con el tiempo, verás la transformación y los resultados.

El valor del tiempo

¿Por qué el tiempo es un factor tan necesario del proceso de transformación? Porque el crecimiento requiere una secuencia ordenada de eventos para poder producir resultados. Necesitas ese orden secuencial para poder hacer saber a los demás quién eres en cuanto a tus valores se refiere, a tu liderazgo y a tu persona. Necesitas tiempo para poder comprender y dialogar con los demás sobre la información que recibes. Necesitas tiempo para pensar y digerir lo que estás aprendiendo, y necesitas tiempo para probar las formas nuevas de relacionarte y liderar. Tienes que probarlas, cometer errores, aprender de ellos y no dejar de avanzar hacia la excelencia. El tiempo te da espacio para hacer el mejor trabajo a partir de los ingredientes y prácticas del crecimiento personal.

Hace poco cené con un amigo que trabaja en el mundo corporativo, y me habló de su propio proceso de transformación, que necesitó de confianza y tiempo:

«Siempre he disfrutado de trabajar con personas y dotarlas para ayudar a la organización a crecer, pero hace unos años recibí una retroalimentación que me sorprendió. Al parecer, y siempre desde el anonimato, la gente decía que me tenía miedo. Me consideraban demasiado rígido y crítico, y decían que no toleraba los errores. En un principio me resistí a reconocer semejante impresión, pero empecé a darme cuenta de que había mucha verdad en esa opinión, así que me busqué un buen tutor y empecé a escarbar en ello. Lo que encontré es que tenía tendencia a ser demasiado duro conmigo mismo, hasta rayar la tiranía, lo cual se percibía en cascada con mis subordinados.

»Llegué a la conclusión de que no era cosa buena, y pensé que, si lograba ser más consciente de ello, podría atajarlo y ser un jefe más razonable. Eso me ayudó un poco, pero la tendencia era innata en mí y seguía presente, lo que me resultaba bastante frustrante porque no quería pasarme el resto de mi carrera intentando ahogar esa parte de mí mismo. Me parecía un esfuerzo desmesurado, *pero no quería ser así*, así que empecé a trabajar con la voz crítica de mi interior. Logré averiguar de dónde provenía y cómo se desarrollaba. También aprendí mucho sobre el perdón, tanto de darlo como de recibirlo. Aprendí también a aceptar las cosas como eran, e incluso experimenté algunas emociones a este respecto.

»No pasó de la noche a la mañana. Me costó tiempo para hablar con la gente, para reflexionar y para aprender a renunciar a ciertas cosas. Tuve que concentrarme en esta transformación personal durante un tiempo, no dudé ni por un momento de que valía la pena. La retroalimentación que me llega ahora es muy distinta frente a cómo era antes».

Invierte el tiempo necesario. Te lo devolverá con creces.

Tus tareas con tiempo

Aunque el proceso de crecimiento no puede ser instantáneo, tampoco puedes quedarte ahí sentado dejando pasar el tiempo en tu transformación. Hay papeles críticos que puedes acometer y que te ayudarán a que el proceso de crecimiento vaya logrando lo que debe.

Sé activo en el tiempo. Utiliza tu tiempo sabiamente. No lo malgastes, y no esperes que sea simplemente el paso del tiempo lo que solucione algunas cosas. Diseña una estructura para ese crecimiento y cíñete a ella. El viejo dicho de «el tiempo lo cura todo» no sirve de nada ni es cierto. El tiempo en sí mismo nunca ha transformado a nadie, del mismo modo que tampoco sirve de nada contemplar un plan de negocio y esperar que florezca en un año sin esfuerzo. Asegúrate de que la gente, la experiencia, el compromiso con el crecimiento y los recursos estén preparados, y mantente actualizado con todo ello. Que sea una prioridad. Si encuentras que los asuntos urgentes se meten por medio de continuo, vuelve a equiparte y comienza de nuevo, pero no permitas que te aparten del camino.

Utiliza distintos tipos de tiempo. Hay más de un modo de usar el tiempo de crecimiento. El modelo más habitual es el de programar reuniones con regularidad: cada semana, cada quince días, etc. Suele ser bastante útil añadir más momentos destinados al crecimiento intensivo con periodicidad, tales como un retiro de fin de semana o una sesión completa de un día de duración con el tutor. Esta clase de experiencias puede acelerar el proceso de crecimiento por la naturaleza concentrada del trabajo. La cuestión es no quedarse estancado. No hay nada peor que un camino de transformación que se vuelve aburrido. Es, simplemente, una contradicción. Los cambios pueden contribuir a que el proceso de crecimiento resulte atractivo y productivo.

Utiliza el tiempo para medir el crecimiento y el cambio. Aunque el crecimiento personal no puede medirse a diario, sí que es susceptible de ser medido. A veces los beneficios que resultan de ese crecimiento personal pueden medirse semanalmente, mensualmente, trimestralmente o anualmente, dependiendo de la tarea y la dificultad encontrada. El trabajo que inviertes en pasar a ser otra persona debería tener, en algún momento del proceso, frutos observables en tu vida y en tu liderazgo. Por ejemplo, podrías darte cuenta de que eres más relacional, más honrado, claro, directo y compasivo. Al mismo tiempo, debería haber mejoras consecuentes en tu gente y en su productividad.

Cuando el tiempo es tu enemigo

Por la misma razón, podrías pensar que ha pasado mucho tiempo con pocos frutos o sin ninguno. También es importante entender esto. Puede haber varias razones para ello.

No estás experimentando suficiente gracia, aceptación y empatía. Es habitual que los líderes busquen sistemas de apoyo que ofrezcan mucha confianza, pero al mismo tiempo suelen andar escasos de gracia. Es decir, que se presentan, admiten el fracaso y prometen hacerlo mejor. Tiempo después vuelven a presentarse, admiten el fracaso y prometen hacerlo mejor. Y así siempre. Necesitas que la gente te dé lo que describí en el capítulo anterior: gracia, aceptación y empatía. Es el combustible que todos necesitamos para crecer y mejorar.

La situación requiere un esfuerzo más sostenido y frecuente. Hay ocasiones en las que la dificultad que se debe superar requiere más esfuerzo y recursos de los que habías imaginado. Puede ser porque se trate de una actitud o hábito muy enraizado, o porque es un problema más correoso de lo que tú habías anticipado. Es posible que necesites incrementar las reuniones y los recursos. A veces el problema es así de simple: la situación requiere más ayuda.

Estás trabajando en una solución equivocada. A veces tomamos el camino equivocado y transitamos por él un tiempo antes de darnos cuenta de que la falta de resultados significa que ha llegado el momento de buscar otra solución. Por ejemplo, un director con el que trabajé quería no resistirse tanto al programa de su jefe. Se veía a sí mismo como un jugador individual y no de equipo, y quería tener una mejor actitud. Estuvimos tratando esa perspectiva durante un tiempo, y las cosas no mejoraron. Al final, después de recabar más información de quienes trabajaban para su mismo jefe, la realidad emergió: el jefe en cuestión era un hombre controlador y crítico al extremo. Cualquiera que intentase complacerlo estaba abocado al fracaso. Una vez que lo comprendimos, descubrimos una nueva solución: aprender a manejar, a tratar y a confrontar de la forma debida a aquel jefe tan difícil. Dado que aquel trabajo tenía otras muchas ventajas que el director valoraba, decidió quedarse, pero con un mejor control de la exposición a su jefe.

Tiendes a pedir resultados inmediatos. Un líder debe avanzar a toda máquina en busca de resultados en su trabajo. Forma parte de la descripción del puesto: quieres ser siempre tu mejor versión, y lo quieres para ayer. Pero al mismo tiempo, necesitas aceptar las realidades del tiempo. Creo que lo mejor que puedes hacer al respecto es involucrarte en el trabajo que te gusta, en la misión en la que crees, con la gente con la que conectas y en el proceso de crecimiento personal. Cuanto más inmersos estamos en la vida real, más rápido parece pasar el tiempo.

Haz del tiempo tu amigo, y no tu enemigo. El tiempo bien gastado puede marcar la diferencia entre el éxito y el fracaso.

Y por si te desanimas...

Los líderes son individuos de «poner manos a la obra». Les gusta tener un objetivo, un plan y pasos específicos que dar. Y ahora que has leído este capítulo sobre cambiar de dentro hacia afuera, y lo mismo estás deseando llegar a la lista de pasos en lugar de tanto principio y líneas maestras que puedes usar para identificar los siguientes pasos a dar. Es un reto común a muchos líderes, que quieren ser todo lo que pueden ser y dejar de ser cuanto no quieren seguir siendo, pero la buena noticia es que, aunque los principios no son transformación en sí mismos, *identificar y seguir correctamente los pasos que debes dar te guiará a la transformación.* Por ahí es por donde debes empezar. Mi amigo, el que tenía que escarbar por dentro para arreglar su tiranía, aún tuvo que dar algunos pasos antes, ¿no? El paso de buscar el tutor adecuado, de preguntarse a sí mismo de dónde provenía esa vena tirana, de investigar algunos temas importantes del pasado, o de entrar en el perdón. Estos son los pasos que «ponen al paciente sobre la mesa de operaciones del crecimiento», por así decir. Y entonces, la cirugía funciona.

Un cliente mío me dijo que estaba recibiendo retroalimentaciones negativas sobre cómo motivaba a su equipo. Les caía bien, pero tenían la sensación de que no les «llegaba», y su nivel de compromiso fue descendiendo. Cuando yo asistía a las reuniones de equipo de su empresa, notaba que si alguien compartía una dificultad a la que se enfrentaba, él tenía tendencia a evitar entrar en la dificultad, y rápidamente intentaba que se sintieran mejor. Por ejemplo: «Dave, sé que la competencia te ha robado a tu mejor cliente, pero ¿sabes qué, tío? Que eres genial, y volverás a conseguirlo». Hay ocasiones en las que una frase así puede ayudar. Todos necesitamos que nos animen. Pero también necesitamos «llorar con los que lloran» (Romanos 12.15). Así es como saben que estamos «con» ellos, y pueden escuchar mejor y emprender acciones aupados por nuestro apoyo. Su tendencia a «adornar con un lazo» cuando alguien compartía una dificultad alienaba a la gente.

Hice que se diera cuenta de su patrón. En un principio creyó que yo no quería que fuera positivo, pero al final comenzó a darse cuenta de que la tristeza y los aspectos negativos de la vida le producían mucha ansiedad y no los toleraba nada bien. Simplemente se sentía más cómodo con la mitad positiva de la realidad, y no con la negativa, pero el problema es que los líderes han de estar familiarizados con ambas.

Meditó sobre determinados pasajes de la Biblia, como el de Romanos 12.15 y sobre el consejo del apóstol Pablo que se refería al «Dios de toda consolación, el cual nos consuela en todas nuestras tribulaciones para que podamos también nosotros consolar a los que están en cualquier tribulación, por medio de la consolación con que nosotros somos consolados por Dios» (2 Corintios 1.3–4). Aprendió que su propia mitad negativa estaba bien, y que ninguna persona juiciosa lo juzgaría nunca. Y transcurrido el tiempo, llegó a aficionarse mucho más a «estar con» las dificultades de su equipo, el cual a su vez incrementó su compromiso, con él y con la misión de la organización.

Este es solo otro ejemplo de cómo la transformación se puede acometer. Funciona. Solo hay que dar el siguiente paso.

Capítulo 11

EL CRECIMIENTO ESPIRITUAL ES EL CRECIMIENTO DEL LIDERAZGO

John es un buen amigo al que conozco hace muchos años. De hecho, fuimos compañeros de habitación cuando él estaba en la universidad y yo haciendo un curso de posgrado. John tiene una historia genial en la que interviene él, Dios y el liderazgo, y proporciona reflexiones y principios que resultan útiles para todo líder que quiera crecer espiritualmente.

John es dueño, de cuarta generación, de un rancho ganadero en Texas. Su familia tiene intereses en la industria del petróleo y el gas. Su padre dirigía en persona esa parte del negocio y no hizo nada para preparar a John para ese sector del trabajo. John descubrió que poseía fuertes capacidades y que sentía pasión por la orientación. Estudió su carrera, hizo prácticas como terapeuta y llegó a ser un reputado consejero en su consulta privada, sin dejar de lado la dirección de las operaciones de ganado del rancho. Cuando una prolongada sequía obligó a vender el ganado, John se dedicó por completo a su labor de terapeuta en su iglesia. Como también era un hombre de familia, pasaba mucho tiempo con su esposa y sus hijos. ¡La vida le sonreía!

Un día, su padre le pidió ayuda para supervisar los negocios de la familia y sus propiedades, lo cual fue toda una sorpresa para John. Aunque su padre no le pidió explícitamente que abandonase su labor de terapeuta, supo que lo que le pedía supondría el abandono casi total de una carrera que le satisfacía en extremo.

Ahora pongámonos en la piel de John por un momento. Hace muchos años, te alejaste de una empresa potente que había sido la fuerza motriz de tu familia durante tres generaciones. Encontraste gran satisfacción y enriquecimiento personal en una carrera que no tenía absolutamente nada que ver con todo eso. No experimentaste duda alguna ni remordimientos por alejarte del negocio familiar. La copa de tu carrera está llena. Nadie en el mundo habría culpado a John por declinar el ofrecimiento de su padre y seguir adelante con la vida productiva y llena de significado que se había labrado, pero no fue eso lo que hizo... y eso es lo que hace que esta historia no sea solo conmovedora, sino instructiva para cualquier líder que quiera crecer espiritualmente y liderar a partir de ese crecimiento.

En este capítulo, exploraremos la conexión entre el crecimiento espiritual y el crecimiento en liderazgo. Es una conexión que ha sido ricamente ilustrada por los eventos y las decisiones que John tomó una vez que supo lo que su padre pretendía de él, de modo que volveremos a esta historia unas cuantas veces. Espero que su relato y los principios que presenta este capítulo te ayuden a encontrar la dirección y el ánimo necesario para que sigas tu camino espiritual como líder.

Quiénes somos como seres espirituales

La palabra *espiritual* se refiere a la verdad de que existe otra realidad mayor que la que experimentamos en nuestra propia piel, que habla de algo y alguien más allá de nosotros y más grande. Hay un aspecto de la vida que trasciende la existencia normal. No se puede ver ni cuantificar, pero es real.

En la Biblia, la palabra *espiritual* proviene del vocablo griego *pneumatikos*, que hace referencia al hecho de que nuestro espíritu conecta y sigue al Espíritu de Dios. El apóstol Pablo utiliza el término *pneumatikos* cuando escribe: «El *espiritual* juzga todas las cosas; pero él no es juzgado de nadie» (1 Corintios 2.15, énfasis añadido). Estas palabras señalan el hecho de que un cristiano maduro debe ser enseñado y guiado por el Espíritu[1] y, en este sentido, el líder cristiano, y cualquier cristiano, debe buscar de modo constante la guía y la fuerza de Dios en todas las cosas.

La frase que condensa esto es: *todo crecimiento es un crecimiento espiritual*. Cualquier cosa en la que intervenga Dios, es espiritual por definición. Henry Cloud y yo tratamos este tema en nuestro libro *How People Grow*:

> La Biblia identifica a Dios como la fuente de todo crecimiento. De principio a fin de la Biblia, encontramos que todo lo que necesitamos en la vida proviene de él, y no de nosotros (Hechos 17.28 y 1 Corintios 4.7). Esta realidad esencial y reveladora nos ayuda a ser humildes y a hacernos dependientes de Dios... Cuando vemos que el Libro Sagrado señala a Dios para todo crecimiento, comprendemos que todo crecimiento es espiritual.

Desde los grupos dedicados al estudio de la Biblia, pasando por aquellos que se ocupan de las relaciones o los que se enfrentan a las depresiones y adicciones, todo lo que fomenta el crecimiento proviene en última instancia de Dios.[2]

Esta es la razón por la que creo con tanta firmeza que el crecimiento personal de un líder hunde sus raíces en el terreno espiritual. A veces, cuando actúo como tutor de líderes cristianos, me refiero al crecimiento personal como el «crecimiento espiritual horizontal», lo que quiere decir que en gran medida atañe a nuestras relaciones con otras personas. Y, por otro lado, me refiero a la relación del líder con Dios como «crecimiento espiritual vertical», lo que significa que incluye todo lo que nos ayuda a conectar con Dios, desde las lecturas de la Biblia y la oración hasta el seguimiento del Espíritu Santo en fe y obediencia.

Tanto el crecimiento personal como el espiritual son fundamentales para la transformación. El objetivo del crecimiento, y la práctica necesaria para lograrlo, es ayudar a que te conviertas en alguien nuevo. Cuando la transformación comienza a cobrar cuerpo es que ya estás de camino a ser una persona diferente y un líder diferente.

Cuatro principios espirituales para el crecimiento de los líderes

Ahora que ya hemos cubierto la generalidad de la conexión básica entre el crecimiento espiritual y el de un líder, vamos a centrarnos en cuatro aspectos críticos del crecimiento espiritual de un líder, y en cómo puedes hacer uso de ellos para tu crecimiento y transformación propios.

Haz que seguir a Dios sea tu vocación primera

Como líder, tu vida espiritual proporciona la respuesta a la pregunta: «¿Para qué estoy aquí?». Dios tiene una vocación, una finalidad para cada uno de nosotros, lo que significa que no estamos perdidos en un universo aleatorio y caótico: «Porque yo sé los pensamientos que tengo acerca de vosotros, dice Jehová, pensamientos de paz, y no de mal, para daros el fin que esperáis» (Jeremías 29.11). El llamado de Dios para tu vida incluye tu liderazgo. Si estás llamado a guiar, entonces tienes una misión. Si tienes una misión, el plan de Dios para ti es que marques alguna diferencia en este mundo.

Cuando quedó claro que iba a hacerse cargo del negocio familiar, John decidió dedicar un tiempo a la reflexión y a la oración. *¿Por qué iba yo a renunciar a una vida plena y con un hondo significado a cambio de liderar algo para lo que no había sido preparado?* Y se dedicó a reflexionar sobre ello largo y tendido.

Cuanto más reflexionaba, oraba y buscaba el consejo de amigos sabios, más clara se iba haciendo la respuesta a esa pregunta: *Si no soy yo, ¿quién, entonces?* Poco a poco fue dejándose cautivar por el enorme potencial que tenía el rancho de la familia para hacer el bien en el mundo, proporcionando energía, minerales, puestos de trabajo y oportunidades, y comenzó a tener la visión de todo lo que podría ocurrir si asumía la responsabilidad de dirigir el negocio familiar.

Ese proceso de búsqueda y discernimiento resultó en que John se convenció de que había recibido un llamado. Al igual que había sido llamado durante un tiempo a la terapia, ahora había sido llamado a tomar las riendas del negocio familiar, y como ocurrió hace miles de años, cuando el profeta Isaías contestó al llamado de Dios diciendo: «Heme aquí, envíame a mí» (Isaías 6.8), John dijo que sí a su llamado.

Es importante comprender que la decisión de John no provino del interés o la pasión, aunque eso llegó más tarde. Fue simplemente la decisión de hacer lo que él sentía que Dios le estaba pidiendo. Si lo analizamos, podríamos pensar que va en contra de la intuición, o incluso que es absurdo porque la pasión es esencial para un liderazgo efectivo (como decíamos en el capítulo 7). Sin embargo, a veces el llamado *precede* a la pasión. Lo hemos visto en la Biblia, con líderes como Moisés y Gedeón, que inicialmente no mostraron pasión alguna por el trabajo que al final acabó siendo el llamado divino. Moisés se había pasado cuarenta años como pastor en el desierto (y llevaba un asesinato a sus espaldas) cuando Dios lo llamó para liderar a los israelíes y que escapasen a la esclavitud de Egipto. Gedeón, un hombre de mediana edad que describía su clan como «mi familia es pobre en Manasés», y a sí mismo como «el menor en la casa de mi padre» (Jueces 6.15), estaba oculto en un lagar trillando cuando Dios lo llamó para que fuese un gran guerrero y le encargó que rescatase a Israel de la cruel opresión de los madianitas. Aunque tenían preguntas y pidieron a Dios que se las respondiera, ambos obedecieron el llamado, y Dios los utilizó para cambiar el mundo.

La pasión es un rasgo clave en cualquier gran líder, pero en última instancia la pasión debe doblar la rodilla y obedecer el llamado de Dios. Si no estás en el camino que Dios tiene trazado para ti y si no te diriges en la dirección que Dios te ha marcado, toda la pasión del mundo no logrará hacer de tu camino el correcto.

¿Cómo interviene la transformación para que seguir a Dios pase a ser tu llamado número uno? Pues para expresarlo de un modo sencillo, es pasar del escalón más bajo de concentración en otra motivación al escalón más alto de concentración en la obediencia a Dios como tu motivación principal y más importante. Otras motivaciones, incluyendo la pasión, la competencia y la trascendencia, son estupendas, pero deben humillarse ante la de ser «seguidor».

Es posible que descubramos que sentimos interés por ser líderes en alguna dirección. Considero que es un modo de ponerse en marcha, porque siempre he creído que Dios utiliza a las personas que están haciendo algo, en lugar de mirarse el ombligo esperando que Él les diga cuál es su misión. Pero una vez que te has puesto en movimiento, necesitamos asegurarnos de que Dios ha dado luz verde a nuestro camino porque es lo que Él desea para nosotros.

Tanto si eres un líder novel o veterano, es esencial tener claro ese llamado. Pídele a Dios que te haga saber si el papel que desempeñas en este momento es el que quiere para ti, o si tiene otra cosa en mente. He visto muchos ejemplos de Dios diciéndole a un líder «para», y muchos más diciéndole «adelante». Busca el consejo de Dios y pídele que te ayude a asegurarte de que se trata de tu llamado.

Pide lo que tú no tengas

Una vez que John hubo dejado su trabajo de consejero y asumió su nuevo papel, trabajó duro para familiarizarse con las exigencias particulares del negocio de la energía, además de las necesidades de la organización. En un principio acudió a su padre para pedirle consejo, pero dado que él iba alejándose más del compromiso por la edad, tenía poco tiempo o energía para llevar a su hijo de la mano. Después, cuando John llevaba ya unos años en su nuevo papel, su padre murió y, a partir de entonces, John quedó solo ante el peligro.

Fue un tiempo abrumador para John. No se sentía preparado para una tarea tan monumental, a pesar de su dedicación a aprender cómo llevarlo todo, desde las finanzas y los acuerdos hasta los sistemas. También sabía que debía hacer crecer el negocio, por aquello de «crecer o morir», pero no tenía experiencia en cómo desarrollar el modelo de negocio, la visión corporativa, el liderazgo o la cultura de la empresa. Era un hombre inteligente y muy responsable, pero eso no bastaba, de modo que pidió ayuda en todas las formas que la Biblia nos dice que utilicemos para pedir ayuda. Oró pidiéndosela a Dios. Encontró personas sensatas que lo escucharon, lo comprendieron y lo animaron. Identificó las áreas en las que necesitaba ayuda, y encontró expertos y tutores que lo prepararon. Reunió un equipo ejecutivo con mucho talento para que caminase con él y, en el proceso, recibió fuerzas de la «diestra de la justicia de Dios». Comenzó a crecer en competencia y confianza, convencido de que la organización ya se movía en la dirección adecuada.

No necesitarás que te diga que el liderazgo lo exige todo de ti: tu tiempo, energía, sangre, sudor y lágrimas. Hay ocasiones en las que el liderazgo puede ser muy significativo y gratificante, pero también puede resultar muy solitario y agotador. Necesitas una fuente de fuerza que te ayude a afrontar los sacrificios requeridos para seguir adelante en pos de tu misión. Si quieres liderar a largo plazo, no debes dejar pasar ni un solo día sin reconocer tus necesidades y debilidades, y sin pedirle a Dios provisión y fuerza.

Eso es lo que los líderes de Dios han hecho a lo largo de la historia: volverse humildemente a Dios como su líder último y pedirle fuerza para ir un paso más allá, el más costoso, o para enfrentar una situación peligrosa con coraje. Han orado, buscado, se han entregado y han pedido; y Dios ha estado allí: «Siempre te ayudaré, siempre te sustentaré con la diestra de mi justicia» (Isaías 41.10).

El principio de pedir lo que necesites es transformador porque el apoyo, la sabiduría y el refuerzo que tomamos de *fuera* (de Dios y de la gente adecuada) es lo que nos faculta para llegar a ser distintos desde *dentro*. Lo opuesto a este proceso transformador es ir solo, intentar ser autosuficiente, y sentirse incómodo por tener que pedir ayuda. No permitas que el miedo a ser percibido como una persona débil, o incluso el orgullo te impidan pedir ayuda para lo que necesites. De hecho, la debilidad es en realidad una fuerza a los ojos de Dios, tal y como le dijo a Pablo: «Bástate mi gracia; porque mi poder se perfecciona en la debilidad» (2 Corintios 12.9).

Reflexiona un instante sobre la situación actual de tu liderazgo. Todos los líderes cristianos que han alcanzado el éxito y a los que yo he conocido y con los que he trabajado son conscientes de las áreas en que necesitan refuerzo, por ejemplo, en finanzas, *marketing*, ventas, operaciones, estrategia, fomento del espíritu de equipo o las capacidades de la gente. Dedican tiempo de calidad a Dios, a ser reforzados por Él y por aquellos que tienen la formación o la inteligencia emocional para poder ayudarlos. Estoy seguro de que tú no eres diferente. No es un fracaso admitir que tienes debilidades y que necesitas un refuerzo, pero sí lo es sentir que debes tenerlo todo siempre. Admite la necesidad y la falta, y pídele consejo a Dios. Luego actúa para conseguir el valor, la paciencia, el foco, los recursos y las habilidades que necesitas.

Aprende a confiar en momentos de ansiedad

El liderazgo es estresante. Siempre te encuentras lidiando con el estrés de no perder, o el estrés de correr riesgos para ser un ganador. Simplemente es una norma del liderazgo. Y el estrés crea ansiedad.

La ansiedad tiene que ver, fundamentalmente, con el control. Emerge cuando sentimos que perdemos el control en algún área: un informe financiero desfavorable, o miembros de tu equipo que se enfrentan. El problema es que la mayoría de los líderes son unos friquis del control en algún sentido. Microdirigen y se resisten a delegar. Queremos controlar con puño de hierro a nosotros mismos y a nuestras organizaciones, lo cual añade aún más ansiedad y hace que esos momentos puedan llegar a debilitar el desempeño y la salud general del líder.

La mayoría de los líderes necesitan desesperadamente una transformación en esta área. Aunque el «exceso de control» como respuesta a la ansiedad es natural, no es algo bueno y no funciona a largo plazo.

Una y otra vez en la Biblia, Dios nos proporciona este antídoto para la ansiedad: entregarle a Él nuestras preocupaciones, especialmente aquellas sobre las que no tenemos control alguno:

- «Mas buscad primeramente el reino de Dios y su justicia, y todas estas cosas os serán añadidas. Así que, no os afanéis por el día de mañana». (Mateo 6.33–34)
- «Por nada estéis afanosos, sino sean conocidas vuestras peticiones delante de Dios en toda oración y ruego, con acción de gracias». (Filipenses 4.6)
- «Echando toda vuestra ansiedad sobre él, porque él tiene cuidado de vosotros». (1 Pedro 5.7)

Decidir deliberadamente confiar rebaja el nivel de ansiedad y nos permite centrarnos en lo que de verdad tenemos que controlar. Por eso la confianza es transformadora: no es «natural» en la naturaleza, y requiere que hagamos lo que es «espiritual» en la naturaleza. Lo que hacemos que nos parece natural y normal no da garantía alguna de que sea espiritual.

Pero cuando un líder va contra lo natural y simplemente elige cederle el control a Dios, la ansiedad se rebaja.

John no desconocía el elevado nivel de ansiedad que se soporta en la primera etapa de hacerse cargo de un negocio. Habíamos tenido muchas conversaciones sobre este aspecto del liderazgo. Se tomaba muy en serio su responsabilidad y su llamado, y la carga le acompañó muchos meses mientras hacía acopio de sus recursos.

Su transformación consistió en que, pasado un tiempo, fue apartándose de modo natural de la tendencia a sobrecontrolar bajo presión y pasó a la práctica espiritual de entrega total y dejar que Dios obrara. Cuando se enfrentaba a retos abrumadores, buscaba el camino de Dios. Cuando su ansiedad le hacía dudar de si era la persona adecuada para la misión, acudía a sus personas de confianza para pedirles opinión y guía. Su tranquilidad al saber que era la persona adecuada en el lugar correcto, junto con la seguridad de Dios, le ayudaban a estabilizarse. La ansiedad de John fue reduciéndose y su confianza se vio reforzada a lo largo de este periodo.

Nunca he conocido ni he trabajado con un líder que no haya pasado por momentos de gran ansiedad. Y quienes no hayan pasado por momentos así, son aquellos cuyo desempeño no ha sido bueno a largo plazo. Creo que se debe a que su falta de temor les hace confiar en extremo en sus decisiones y pasar por alto la debida valoración de los riesgos. Un poco de ansiedad puede ser algo bueno.

Doy por sentado que tú, como el resto de nosotros, experimentas momentos de ansiedad cuando lo que te rodea es estresante. No es más que una parte inherente a la vida de un líder. Si es así, te sugiero que pruebes este sencillo hábito que yo he desarrollado y que practico con regularidad.

Escribe en un papel el versículo de 1 Pedro 5.7: «Echando toda vuestra ansiedad sobre él, porque él tiene cuidado de vosotros». Debajo del versículo escribe los cinco mayores retos que tengas planteados en tu vida y en tu liderazgo y que sean, en este momento, fuente de ansiedad. Pueden ser preocupaciones relacionadas con la familia, la salud, la economía, el desempeño en el trabajo, preocupaciones relacionales, etc. A continuación, haz una bola con el papel y tíralo a la papelera diciendo: «Te dejo estas preocupaciones a ti, Señor, porque tú cuidas de mí». Es un modo físico de expresar confianza y de transferir cargas a los hombros más poderosos de Dios. Yo lo he hecho mientras escribía esto, y me siento como si hubiera perdido quince kilos, una liberación física de la ansiedad que me generan las cargas que llevo a la espalda. Espero que esta práctica te ayude a proseguir con la transformación conectándola con tu propia ansiedad.

Que tu transformación caiga en cascada

En última instancia, el crecimiento espiritual que experimentan los líderes debería repercutir en cascada sobre su forma de dirigir a su gente. En el liderazgo, la palabra *cascada* se refiere al proceso de transmitir de manera descendente una visión vital, estrategia o hábito. Si somos conscientes de nuestras áreas de crecimiento y de la transformación que perseguimos, es obvio decir que estaremos más preparados para liderar bien, pero la cosa no se detiene ahí. La transformación es un don que debemos pasarle a quienes lideramos. Y en los grandes líderes, esa casada de transformación no solo afecta a las personas con que se relacionan directamente, sino que va más allá y alcanza a quienes son liderados por sus subordinados más directos, y así escalón a escalón, de modo que las organizaciones que están bien dirigidas desarrollan una cultura de excelencia y desempeño que empapa muchos niveles, pero todo comienza en el más alto. Lo que sembramos, cosechamos.

Cuando Jesús le dijo a Pedro en Juan 21.17: «Apacienta mis ovejas», le hablaba en el contexto de las muchas, muchas lecciones y experiencias que había dejado caer en cascada sobre él para prepararlo para el liderazgo, y aunque Pedro cometió muchos errores bien conocidos, aprendió lo suficiente de ellos para llevar a cabo con lealtad la obra que Jesús le confió, y ocupar su lugar como uno de los padres fundadores de la fe cristiana. Las lecciones que Pedro aprendió, y que nosotros conocemos gracias a lo que se escribió sobre él en la Biblia y los libros de las Sagradas Escrituras que él mismo escribió, han seguido cayendo en cascada sobre los creyentes durante más de dos mil años.

Los líderes que no consiguen transmitir en cascada su transformación tienden a ser altamente competentes en su propio mundo, pero dado que no quieren pasar lo que es importante para ellos, dado que mantienen sus ideas, su visión y su crecimiento solo para sí, interrumpen el flujo de sabiduría que de otro modo podría beneficiar a quienes dirigen.

Este problema suele estar provocado porque no se está convencido de lo mucho que se puede influir en los demás, porque se teme que nadie va a querer cambiar. La transformación ocurre cuando los líderes enfrentan esta falta de confianza y el miedo, y se dedican a conectar con el equipo y más allá. Cuando los líderes asumen el riesgo de transmitir lo que creen y sienten, la gente casi siempre conecta y responde positivamente. En ese momento la transmisión en cascada ya está en marcha.

Digo que esto es una transformación porque he visto con frecuencia cómo líderes inseguros comenzaban a cobrar confianza y seguridad cuanto más se enfrentaban a esos temores. Verdaderamente se trata de un cambio de adentro hacia afuera. Tal es la transformación que observé en John mientras él se enfrentaba a sus retos: tratándose de una persona que había dedicado la mayor parte de su carrera a aconsejar a los demás, no había dispuesto de muchas oportunidades para practicar esta transmisión en cascada en su ámbito laboral. Era diestro en su trabajo, pero no había equipo u organización detrás de él.

Rápidamente se dio cuenta de que para que creciera la empresa necesitaba conectar y transmitir lo que era importante para él, a su equipo y al conjunto de la empresa. Su transformación resultó evidente en su modo de colaborar con sus principales jugadores para actualizar la misión y la visión de la organización, sus valores fundamentales y plan estratégico. Los empoderó a todos para implementar estos valores y estrategias y para que los pasaran a los demás. Aunque fue un proceso que nunca había experimentado, es algo con lo que ahora disfruta sobremanera. Y su impacto en los demás se ha tornado exponencialmente más intenso, lo cual constituye la esencia de la influencia en cascada bien entendida.

Te propongo un paso que puedes dar para empezar con este aspecto de la naturaleza espiritual del liderazgo. Anota las tres lecciones principales que Dios ha venido dándote en la última etapa de tu vida y de liderazgo. Las lecciones pueden estar relacionadas con áreas de crecimiento específico que hayas identificado (tal y como hablamos en el capítulo 10), o con otras cuestiones sobre las que estés aprendiendo tales como paciencia, diligencia, valor o cómo escuchar mejor. Cualquier cosa que estés aprendiendo u oyendo de Dios y que te haya impactado es buena candidata para esta lista.

Por cada una que escribas, busca cómo hacerlas pasar en cascada a tu equipo. Las lecciones de Dios son universales para la raza humana, y pasarlas a tu gente será un regalo que les hagas. Puede que quieras hablar de estas lecciones al comienzo de tus reuniones de equipo, o que prefieras organizar una reunión aparte para tratar de ellas. También podrías tener un encuentro fuera de la oficina dedicado al crecimiento. Y desde luego sería muy interesante que las modeles de modo que sean observables para tu gente. Poner en práctica lo que se predica es, sin duda, la esencia de la buena transmisión en cascada.

La mayoría de los líderes cristianos con los que trabajo en el mundo de las corporaciones lucrativas no dirigen empresas explícitamente cristianas. Es decir que, mientras tratan de poner en práctica los principios bíblicos de confianza, responsabilidad y excelencia, no tienen versículos bíblicos en su literatura, ni oran en las reuniones, ni cosas por el estilo. Prefieren pasar por debajo del radar, vivir el evangelio en su comportamiento y tener conversaciones espirituales en un nivel más orgánico y en el momento adecuado. Otros, entre los que se incluyen los líderes que trabajan en iglesias y organizaciones cristianas sin fines de lucro, son más explícitos con su fe. Unos no son mejores que los otros. Es simplemente una preferencia basada en el enfoque personal.

Si lideras en un contexto cristiano, puede que desees transmitir tus lecciones en cascada utilizando principios bíblicos, tu propio testimonio y la oración. Si no, tu cascada puede ser más sutil sobre las lecciones que estés aprendiendo. Lo llamo «dejar la dirección» de los principios que estás aprendiendo hasta que haya tiempo para una conversación privada. En cualquier caso, liderarás bien si lo haces desde tu nueva persona crecida espiritualmente.

Una invitación a la integración

¿Qué ha pasado con John y su empresa? Pues ha continuado siguiendo a Dios con perseverancia. Su equipo de líderes está cada vez más cohesionado, y hay una gran emoción acerca del futuro. Aunque muchas veces hay situaciones estresantes, su nivel de ansiedad es más bajo, sobre todo porque cada vez ha ido atacando problemas de mayor nivel. Y su organización va conformándose como una extensión de la visión y los valores sobre los que ha trabajado con su gente. John está reformando el negocio familiar para hacer de él la clase de organización que cree que Dios le ha llamado a liderar, y junto con su familia, está planeando décadas de crecimiento y desarrollo. El motor sigue en marcha, y están ocurriendo cosas estupendas.

Antes he mencionado que John no inició su cambio de carrera por pasión o interés, ya que se sentía feliz y pleno con lo que hacía. Fue cuestión de obediencia a un llamado espiritual. Pero hay algo irónico en todo esto, y es que *la pasión ahora está presente*. John ha tomado conciencia durante los últimos meses y años de que tiene sentimientos positivos que se enfocan en el nuevo día de su organización. Ha descubierto puntos fuertes y capacidades en sí mismo que le han ayudado a liderar. Aunque el trabajo es duro y complejo, cada día se presenta en su oficina deseando comenzar (bueno, casi todos los días).

Aquí está la moraleja, válida para todos los líderes: *creo que Dios integra todo lo que somos para llevar a cabo su llamado en tu vida.* Dios te diseñó para que llegaras a un destino, a una finalidad. Quiere que lo hagas poniendo en ello todas tus capacidades y todo lo que llevas dentro, de modo que emplees tu liderazgo para cumplir este versículo: «Amarás al Señor tu Dios con todo tu corazón, y con toda tu alma, y con todas tus fuerzas, y con toda tu mente» (Lucas 10.27).

Nunca va a encomendarte su llamado ni va a diseñar tu vida para que después resulte una tarea ingrata o algo que temes día tras día. Puede que te sientas así al principio, como les ocurrió a Moisés y Gedeón, pero con el tiempo su objetivo será mejor servido asegurándose de que estás al ciento veinte por ciento involucrado en el llamado, con tus valores, pensamientos, emociones, relaciones y transformación. Y esa es, en última instancia, la naturaleza espiritual del liderazgo.

CONCLUSIÓN

Como persona involucrada en influir sobre los demás para conducirlos hacia la excelencia y la inspiración, necesitas ser la mejor versión de ti: para ti mismo, para tu misión y para aquellos que lideras. Terry Ledbetter, un cliente que fundó una exitosa compañía de seguros, estaba comprometido con todo esto y me pidió que trabajara con él en su liderazgo y en su crecimiento personal.

La mayoría de los ejecutivos con los que trabajo ya tienen un alto nivel de competencia, al menos en algunas de las cinco áreas de este libro: valores, pensamientos, emociones, relaciones y transformación. Terry era muy fuerte en valores y pensamientos. Se guiaba por unos principios claros dictados por sus valores interiores, y era un brillante diseñador y estratega en su negocio. Pero rápidamente se dio cuenta de que no estaba tan desarrollado como era necesario en emociones, relaciones y transformación. Cuando le expliqué este modelo, me dijo que quería crecer y aprender en todas las áreas.

Los resultados han sido muy positivos. Ahora le dicen que es mucho más accesible emocionalmente, y sus relaciones con otras personas, tanto dentro como fuera de su lugar de trabajo, son más hondas y más vulnerables. Está experimentando la transformación desde dentro hacia afuera para llegar a ser un mejor líder, y al igual que él sigue creciendo, lo hace también su compañía.

Recientemente le pidieron que hablara ante su equipo de ventas en una conferencia, algo que ya había hecho con anterioridad. Sus charlas anteriores habían sido verborrea de cifras: *aquí es donde estamos y aquí es hacia donde deberíamos dirigirnos teniendo en cuenta la tendencia actual.* Pero en esta ocasión probó algo diferente: hablar del poder de la vulnerabilidad emocional en el mundo de las ventas. De lo transformadora que puede resultar una conversación cuando se afronta con transparencia.

Terry estaba un poco nervioso porque no sabía cómo se iba a recibir aquella charla, ya que todo el mundo lo tenía por un tipo solo de números, pero cuando terminó, la gente le dijo que había sido la mejor charla que le habían oído.

La transformación de Terry ilustra el principio fundacional de este libro: *si prestas atención y desarrollas tu intuición, no te defraudará.*

Por eso liderar siguiendo tu intuición es clave para la efectividad de tus esfuerzos. Cuanto más involucrado te halles, tanto en los datos contrastados como en los no contrastados, mejor equipado estarás para ejecutar tus tareas y responsabilidades. Tus valores, tus emociones, tus relaciones y otros aspectos de tu mundo interior pueden ayudarte a centrar la atención en lo importante, a reclutar y formar a las mejores personas, y encontrar y desarrollar las mejores oportunidades.

Mirar hacia dentro tanto como hacia fuera puede parecer en un principio un proceso contrario a la intuición. Los líderes suelen inclinarse más hacia el próximo paso, la próxima reunión, la próxima idea. Pero liderar desde la intuición es un hábito que puede desarrollarse con persistencia. A continuación, te dejo unas cuantas recomendaciones que te servirán de ayuda.

Conéctate con otras personas que también valoren el mundo interior. Interactuar con gente que también está canalizando el poder de su mundo interior te ayudará a normalizar la práctica de mirar hacia dentro como parte de tu liderazgo. Pasará a formar parte de tu vida. Sería ideal que esas personas también fuesen líderes, pero no es necesario. Busca personas que se mantengan creciendo, seguras e interesadas en valores, pensamientos, emociones, relaciones y transformación. De este modo se crea una cultura y un modo de mirar la vida y el liderazgo que funcionan.

Vuélvete inaccesible con regularidad. Reserva con regularidad un momento en el que te apartes de reuniones, teléfonos, textos y correos electrónicos para prestar atención a lo que esté ocurriendo en tu interior. Tu mundo interior no suele reclamar tu atención porque está diseñado para funcionar de manera autónoma y, si las distracciones externas son demasiado poderosas, no podrás escuchar la voz suave de tu creatividad, por ejemplo, o reconocer un valor tuyo importante. Esto no tiene por qué tomarte mucho tiempo. Podría bastar con unos minutos. Hay información y ayuda esperándote si lo deseas.

Vincula el trabajo a los resultados. Buscar en tu interior, enfrentarte a tus emociones y asumir riesgos relacionales conlleva esfuerzo. Y un líder sabe bien que un esfuerzo debe conllevar un beneficio que empuje la misión; de lo contrario, deja de hacer el esfuerzo y lo reemplaza con otra cosa que sí acarree un beneficio. Espero que hayas visto los muchos ejemplos que se citan en este libro en los que acometer la tarea de liderar con tu intuición te mueve a ti, a tu gente y a tu organización hacia los objetivos por los que se han unido.

Presta atención a lo que pasa con tus objetivos, cuotas, estadísticas, resultados, beneficios, ingresos y mediciones de los resultados. Utiliza tu vida interior para que te ayude a centrarte en lo correcto, a pensar con claridad, a prestar atención a las señales emocionales, a beber de tus habilidades relacionales y a obtener tu mejor tú en el contexto de crecimiento, lo cual, teniendo todo en cuenta, ofrecerá mejores frutos a tu liderazgo. Esa es la esperanza, respaldada por la investigación y por la realidad misma.

Espero que ambos mundos, liderazgo con razón y liderazgo con intuición, te ayuden profesional y personalmente. Al final, el liderazgo con intuición trata de la vida intuitiva. Trasciende tu liderazgo y tu trabajo, y es parte fundamental de quién eres y de la gente con la que estás en contacto. En ese sentido, hasta el punto en que seas consciente y respondas a tu mundo interior, también te estarás transformando en una persona mejor y más plena.

Con mis mejores deseos.

John Townsend
NEWPORT BEACH, CALIFORNIA
ENERO 2018

NOTAS

Capítulo 1: Canaliza tu intuición

1. Daniel Goleman, Richard E. Boyatzis y Annie McKee, *Primal Leadership: Realizing the Power of Emotional Intelligence* (Boston: Harvard Business School Press, 2002).

Capítulo 2: ¿Qué son los valores?

1. Sugiero que no tengan más de tres valores fundamentales, porque es difícil tener profundidad suficiente de otra forma; y no más de siete, ¡porque nuestros cerebros se cansan con listas largas!
2. James O'Toole, *Leading Change: The Argument for Values-Based Leadership* (New York: Ballentine, 1995), p. 7.
3. Henry Cloud, *Integrity: The Courage to Meet the Demands of Reality* (New York: HarperCollins, 2006).

Parte II. Pensamientos: Los líderes piensan en pensar

1. Para información adicional, ver John Dunlosky y Janet Metcalf, *Metacognition* (Thousand Oaks, CA: SAGE, 2008).

Capítulo 4: Tu corazón tiene cerebro

1. Para saber si *New Life Live!* está tocando en tu área, visita www.newlife.com.

Capítulo 5: Tu cabeza tiene tripas

1. Malcolm Gladwell, *Inteligencia Intuitiva: El Poder de pensar sin pensar* (Debolsillo, 2017); David G. Myers, *Intuición: El Poder y el peligro del sexto sentido* (Barcelona: Paidós Ibérica, 2003).

2. Las obras de Marcus Buckingham sobre la claridad han sido una contribución enorme para ayudar a la gente a reconocer lo importante que es para los líderes pensar claramente y dar claridad a aquellos a quienes lideran. Para más información sobre claridad en el liderazgo, ver su libro *Lo único que usted debe saber* (Editorial Norma, 2006).

3. Para más información acerca de distorsiones cognitivas, ver David D. Burns, *Sentirse bien* (Barcelona: Paidós Ibérica, 2010).

4. Keith Sawyer, *Explaining Creativity: The Science of Human Innovation* (New York: Oxford Press, 2006).

5. DVD y material relativo disponible en www.growthskills.org.

6. Karen Horney, *The Unknown Karen Horney: Essays on Gender, Culture, and Psychoanalysis*, ed., Bernard J. Paris (New Haven, CT: Yale University Press, 2000), p. 335.

Capítulo 6: Aprovecha las emociones negativas y positivas para liderar

1. Para más información sobre Talleres de liderazgo fundamental, ver www.cloudtownsend.com.

Capítulo 7: La búsqueda de la pasión

1. Es importante no confundir *pasión* de liderazgo con *visión de liderazgo*. Pasión es un sentimiento intenso, positivo, concentrado en un objeto. Visión es una imagen emocionalmente comprometida de cómo quieres que sea el futuro.

2. Robert Frost, «El camino no elegido», 1916.

Capítulo 8: Imágenes relacionales

1. Para una guía adicional sobre esto, ver Henry Cloud y John Townsend, *Personas Seguras* (Miami: Editorial Vida, 2004).

2. Para una guía adicional sobre el perdón, ver el capítulo 6: «Dejar ir», en mi libro *Cómo amar a las personas* (Nashville: Nelson, 2010).

Capítulo 9: Habilidades relacionales

1. Para una guía adicional, ver Henry Cloud y John Townsend, *Límites cara a cara: Cómo sostener esa conversación difícil que has evitado* (Miami: Editorial Vida, 2005).

Parte V. Transformación: Crecer como líder

1. Robert Klara, «Infographic: A Look at the Millions of Lives Saved and Improved by the Gates Foundation», *Adweek* (www.adweek.com), 1 junio 2016.

2. Julie Bort, «Bill Gates Talks about the Heartbreaking Moment that Turned Him to Philanthropy», *Business Insider* (businessinsider.com), 21 enero 2015.

Capítulo 10: Crecimiento personal es igual a crecimiento del liderazgo

1. Bernard Bass y Ronald Riggio, *Transformational Leadership* (Mahwah, NJ: Lawrence Erlbaum Associates, 2005).

2. Es importante notar que la transformación no es acerca de crear habilidades. Las capacidades, la proyección, el manejo de la gente y la construcción de fortalezas son partes necesarias en el entrenamiento del liderazgo y el desarrollo. Son las habilidades que tú necesitas para desarrollar la cultura adecuada, la gente adecuada y los resultados adecuados. Pero el enfoque aquí es sobre qué necesitas reforzar y desarrollar como persona, en sí mismo.

3. Para una guía adicional sobre cómo lidiar con éxito con gente que tiene un nivel bajo de sentido de pertenencia en sus vidas, ver James Burns, *Transforming Leadership* (New York: Grove Press, 2003); John Townsend, *¿Quién aprieta tus botones?* (Nashville: Grupo Nelson, 2005).

4. Peter Drucker, *El ejecutivo eficaz* (Editorial Debolsillo, 2013), Capítulo 3.

5. Marcus Buckingham y Donald Clifton, *Ahora, descubra sus fortalezas,* (Debolsillo, 2009).

Capítulo 11: El crecimiento espiritual es el crecimiento del liderazgo

1. *Estudio Bíblico Ryrie*, nota para 1 Corintios 2.15 (Chicago: Moody Press, 1978), p. 1730.

2. Henry Cloud y John Townsend, *How People Grow: What the Bible Reveals about Personal Growth* (Grand Rapids: Zondervan, 2001), pp. 192–93.

ACERCA DEL AUTOR

El doctor John Townsend es un autor líder en ventas del *New York Times*, consultor empresarial, tutor en liderazgo y psicólogo. Ha escrito más de treinta libros y vendido más de diez millones de ejemplares, entre los que se encuentran títulos como la serie de *Límites* y *The Entitlement Cure*.

Durante más de veinte años, el doctor Townsend ha colaborado con líderes, organizaciones e individuos de todo el mundo, ofreciendo soluciones que les han cambiado la vida. Es coanfitrión del programa de entrevistas de suscripción nacional *New Life Live!*, que se emite en ciento ochenta mercados, con tres millones de seguidores.

John ha creado TownsendNOW (townsend.com), que ofrece contenido digital tanto para el crecimiento personal como del liderazgo, y también experiencias digitales en directo para el crecimiento, tales como RolePLAY y LaserCOACH.

El doctor Townsend es fundador del Townsend Institute for Leadership and Counseling (Instituto Townsend para el Liderazgo y la Orientación), que ofrece una licenciatura y acreditación en Liderazgo de Organización, Tutoría ejecutiva y Orientación. Es el director clínico de la Asociación Americana de Orientadores Cristianos.

John formó el Townsend Leadership Program (Programa Townsend de Liderazgo), que desarrolla líderes por todo el país, a cargo de un grupo de directores que han sido entrenados personalmente por él.

Por otro lado, el equipo de John, el Townsend Leadership Group, ofrece servicios de consultoría para organizaciones y brinda servicio de tutoría para ejecutivos.

El doctor Townsend trabaja personalmente con líderes y organizaciones proporcionando orientación de equipo y ejecutiva, tutoría corporativa y conferencias. También orienta a familias y negocios familiares.

John también habla en, y apoya a GrowthSkills (growthskills.org), un avance de crecimiento de una semana para líderes, consejeros y aquellos que desean crecer.

Es activo en varios ámbitos más, entre los que figura el Mustard Seed Ranch, un programa residencial para niños víctimas de abusos. Reside en Newport Beach, California, y su esposa Barbi y él tienen dos hijos ya mayores, Ricky y Benny. Una de las pasiones de John es tocar con una banda, que interpreta su música en locales y salones.

Información de contacto:
john@drtownsend.com
TownsendNOW.com
drtownsend.com
townsendinstitute.org
facebook.com/drtownsendspage
llinkedin.com/in/drjohntownsend
growthskills.org
949-249-2398